Ottiker | Filme analysieren und interpretieren

Kompaktwissen XL

Alain Ottiker

Filme analysieren und interpretieren

Reclam

Kompaktwissen XL | Nr. 15239
2019 Philipp Reclam jun. Verlag GmbH,
Siemensstraße 32, 71256 Ditzingen
Druck und Bindung: Esser printSolutions GmbH,
Untere Sonnenstraße 5, 84030 Ergolding
Printed in Germany 2025
RECLAM ist eine eingetragene Marke
der Philipp Reclam jun. GmbH & Co. KG, Stuttgart
ISBN 978-3-15-015239-3

www.reclam.de | info@reclam.de

Inhalt

1 Einleitung: Wie spricht ein Film?

Wer einen Film verstehen möchte, muss seine Sprache sprechen. Erst wenn wir gelernt haben, wie die **Erzählkunst aus Bildern und Tönen** zu durchleuchten ist, erst dann reift die Kommunikation und mit ihr das Verstehen. Die Filmsprache hat indes keine eigene Grammatik. Sie mag ein Vokabular haben, filmische Begriffe, die wir begreifen können, aber es gibt kein fixes Regelwerk, sondern nur Konventionen. Und so stehen wir etwas einsam und verloren da. Keine klassische Muse, keine antike Göttin der Künste eilt zu Hilfe oder fühlt sich dem Film gänzlich verpflichtet, weil er die **Kunstform des 20. Jahrhunderts** ist.

Aus der Moderne geboren und für diese stehend, hat er aber schon immer die Ideen der Visionäre beflügelt. Vor allem das **Science-Fiction-Genre** bietet sich dabei für grundsätzliche Gedanken zur Filmsprache und zur Sprache an sich an, weil es gerne das Aufeinanderprallen verschiedener Kulturen thematisiert, deren Konflikte des Öfteren aus einer misslingenden Kommunikation emporsteigen. So kann die Crew des Raumschiffs Enterprise in *Star Trek: The Motion Picture* (1979), und insbesondere deren Captain James Tiberius Kirk (William Shatner), die Erde nur retten, indem mit der unseren Planeten bedrohenden »V'Ger«-Sonde eine Form des Gesprächs gefunden wird. Kommunikation oder deren Fehlen spielt auch in zahlreichen weiteren Science-Fiction-Filmen eine zentrale Rolle. Das beginnt bei *Le Voyage dans la Lune* (*Die Reise zum Mond*, 1902), einem der ersten Spielfilme, und geht über die Klassiker des Genres *Planet of the Apes* (*Planet der Affen*, 1968), *Солярис* (*Solaris*, 1972), *Close Encounters of the Third Kind* (*Unheimliche Begegnung der dritten Art*, 1977) bis hin zu Denis Villeneuves *Arrival* (2016). Ein weiteres Beispiel aus *Star Trek*:

Raumschiff Voyager (1996) ist die Episode 3/12 *Makrokosmos*, wo Captain Kathryn Janeway (Kate Mulgrew) mit ihrem Habitus, die Hände in die Hüften zu stemmen, unabsichtlich den Konsul der Tak Tak beleidigt. Die Tak Tak sind eine Spezies, die mittels Worten, Gesten und der gesamten Körpersprache kommunizieren. Obschon Janeway die Gebärdensprache der Leyroner, amerikanische Zeichensprache und Chromolinguistik studiert hat, stößt sie auf erhebliche Kommunikationsprobleme, die erst mit Hilfe des Sonderbotschafters Neelix (Ethan Phillips) gelöst werden können.

Gleiches gilt nun für uns, die dem **Medium Film** wie Freunde entgegentreten, obwohl wir eigentlich Fremde sind. Das filmische Wesen mag uns vertraut sein, und wir glauben es zu kennen, trotzdem fehlen uns oftmals die Worte, wenn wir über dessen Charakter sprechen wollen. Uns fehlt das geschulte Auge, es mangelt an einem trainierten Ohr. Dazu schreibt der Filmwissenschaftler James Monaco: »Wir wissen sehr wohl [...], dass wir lernen müssen zu lesen, bevor wir versuchen können, Literatur zu genießen oder zu verstehen; aber wir neigen dazu zu glauben, dass jeder einen Film lesen kann. Es ist wahr, jeder kann einen Film sehen. Aber einige Leute haben es gelernt, [Filme] zu verstehen [...] und dies weitaus besser als andere.«[1]

Zu diesen Leuten, ja zu dieser Spezies wollen auch wir gehören! Und dafür muss man sich dem Studium der Filmsprache widmen, denn dieses ist verschachtelt. »Grundsätzlich bietet sich für die Analyse des semiotisch komplexen Mediums Film [...] die Unterscheidung von drei Ebenen an: die **visuelle Ebene**, die **auditive Ebene** und die **narrative Ebene**. Diese Unterscheidung kann Schülern und Lehrern bei der Erschließung

1 James Monaco, *Film verstehen*, Reinbek b. Hamburg 2012, S. 167.

des **filmischen Textes** und bei der Anschlusskommunikation über einen Film behilflich sein.«[2] Beim **Visuellen** steht vor allem die Besprechung des Bildes und aller dafür wichtigen Felder (Mise en Scène, Mise en Cadre, Effekte) im Vordergrund. Beim **Auditiven** sollte sich die Analyse auf das Tongeflecht (Musik, Geräusche, Sprache) konzentrieren. Und beim **Narrativen** muss die filmische Erzählung an sich (Dramaturgie, Erzählelemente, Montage) analysiert werden. Filme sprechen folglich in der Wechselwirkung dreier Ebenen, und zwar der auditiven (Ton), visuellen (Bild) und narrativen (Erzählung) Ebene. Der filmische Text ist damit eine **audiovisuelle Narration.**

An dieser Stelle beginnen die **Probleme der Interpretation**. Wer ehrlich zu sich selbst ist, muss nämlich eingestehen, dass man Filmwissenschaften zwar studieren kann, deren Teildisziplinen aber weit in andere Fachrichtungen hinausreichen. Ein Blick in die analytische Filmliteratur zeigt auch, dass die wenigsten Autoren und Autorinnen Filmwissenschaften studiert haben, sondern aus Querdisziplinen zum Film gestoßen sind. Für die visuelle Ebene bietet sich etwa das Studium der **Kunstgeschichte** an, für das Auditive sämtliche **Musikwissenschaften** und beim Narrativen kann es kaum schaden, wenn man **Literaturwissenschaft**, insbesondere Narratologie, studiert hat. Grundsätzlich wäre es auch vonnöten, sich nicht nur theoretisch, sondern auch praktisch mit dem Film zu beschäftigen, um das gesamte technische Knowhow einer **Filmproduktion** überblicken zu können. Ein solch allumfassendes Studium bleibt utopisch.

Es verwundert in diesem Sinne kaum, dass Filme im Gegensatz zur Literatur oder der bildenden Kunst nicht einem Geist

2 Michael Staiger, »Filmanalyse«, in: *Der Deutschunterricht* (2008) H. 3, S. 8.

entspringen, sondern **Produkt verschiedenster Künstler und Künstlerinnen** sind, deren Fäden einzig von einem Regisseur oder einer Regisseurin zusammengehalten werden. Die **Regie** lenkt zwar die Produktion, sie ist aber auf eine Fülle von Mitwirkenden (Drehbuch, Schauspiel, Maskenbild, Musikkomposition usw.) angewiesen. Der Regisseur Denis Villeneuve schreibt dazu im Vorwort von *The Art and Soul of Blade Runner 2049* (2017): »One of the most beautiful things about cinema [...] is that it's a collective act of poetry.« Kino ist **kollektive Kunst**. Unser Problem ist nun, dass wir als Interpreten einen Film meistens allein verstehen müssen.

Hier eilt der vorliegende Band zu Hilfe. Er versucht durch die Fülle von Analysedisziplinen filmlogisch eine Bresche zu schlagen, indem die drei genannten Ebenen zugrunde liegen, um so dem Medium trotz notwendiger Beschränkung gerecht zu werden. Daneben orientiert sich die Abfolge der Kapitel größtenteils am Ablauf der filmischen **Produktionsphasen**. Wir beginnen also mit der Besprechung des Narrativen, das vor allem von der Storyentwicklung (**Vorproduktion**) und der Montage lebt, und gehen über das Visuelle, also über die Dreharbeiten und Filmaufnahmen (**Produktion**), hin zum Auditiven, der Vertonung des Films (**Nachproduktion**). Es werden dabei insbesondere jene Aspekte theoretisch beleuchtet, die auch konkret in den Filmen nachgewiesen werden können, und zwar von Lernenden und Lehrenden. Die praktische Anwendung in Schule und Studium ist der Kerngedanke des Bandes, sprich: Jede theoretische Aussage soll an Filmbeispielen, die verschiedenste Dekaden, Produktionsländer, Genres und Sehgewohnheiten umspannen, analysiert und zuweilen gedeutet werden. **Analyse** meint dabei: Was nehmen wir wahr? Es ist die objektive Beschreibung des Filmtextes, seiner Funktion (und Wirkung). Die **Deutung** wird darüber hinausweisen. Am Ende findet dieser Weg seine Zusammenfassung in einer **Beispielinterpretation** zum populären Klassiker *Star Wars* (1977).

Zur Beruhigung der Interpreten darf auch gesagt werden, dass selbst berühmte Regisseurinnen und Regisseure unserer Zeit oftmals zu einer Ebene tendieren. So ist Sofia Coppola (u. a. *Lost in Translation*; *Marie Antoinette*; *The Beguiled*) eine Meisterin des Visuellen, während ihr Erzählen basal bleibt. Auf der anderen Seite versteht es Steven Spielberg meisterhaft, Geschichten zu erzählen, obwohl seine Bildsprache teils nahe am Kitsch ist (u. a. *E. T.*, *Jurassic Park*; *Ready Player One*). Und selbst die großen Künstler der Vergangenheit, das visuelle Genie Fritz Lang (1890–1976), der Erzählvirtuose Akira Kurosawa (1910–1998) oder Andrej Tarkowski (1932–1986), Schöpfer fantastischer Soundlandschaften und Bewahrer der Stille, sie alle tendieren zu einer Ebene oder werden vor allem für die eine zitiert. Wenn selbst die Genannten nur **partikulare Meister** des Films sind, dann sei es erlaubt, wenn auch wir, die sich dem Medium allein stellen, nur auszugsweise und ohne Anspruch auf absolute Vollständigkeit interpretieren. Es ist dies ein Eingeständnis, dass der Film zu kunstvoll ist, um von einem Geist oder von einer Muse gänzlich durchdrungen zu werden – das soll uns aber nicht von der Interpretation abhalten.

Captain James Tiberius Kirk und Captain Kathryn Janeway fanden zu den fremden Wesen auch nur Ansätze von Kommunikation, trotzdem reifte das Verstehen, und so gehen auch wir mutig voran.

Merkbox: Wie spricht ein Film?

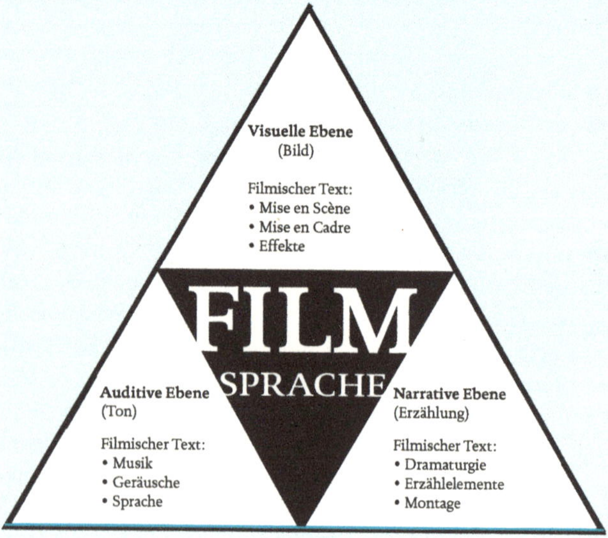

2 Analyse des Narrativen

2.1 Allgemeine Gedanken

... und ins Auge des Mondes fliegt ein Projektil. Das ist der fantastische Startschuss für den Spielfilm, in zweifacher Manier: Einerseits wird das Projektil in *Le Voyage dans la Lune* (*Die Reise zum Mond*, 1902) buchstäblich ins Weltall gefeuert und bringt so die Handlung in Fahrt. Andererseits steckt in diesem Geschoss, das bei genauerem Hinsehen eine bemannte Kapsel ist, eine Schar kühner Astronauten, deren Anführer von Georges Méliès (1861–1938) gespielt wird. Méliès ist aber nicht nur Protagonist, sondern auch Regisseur von *Le Voyage dans la Lune* und damit einer der **Väter des Spielfilms**.

Abb. 1: *Le Voyage dans la Lune*, 1902 (6:19)

Im Gegensatz zu den anderen französischen Filmpionieren, den Gebrüdern Lumière, die ihre Wurzeln in der Fotografie (griech., ›Schreiben mit Licht‹) hatten und den Film als lebende Fotografie verstanden, kam Méliès vom Theater zum Film und schöpfte früh das erzählerische, **narrative Potential** des neuen Mediums aus. »Die Werke der Lumières und Méliès' stellen beispielhaft eine erste grundsätzliche Differenzierung des Films dar. Während die Filme der Lumières vor allem als Dokumentation im Sinne eines Abbildes der Realität zu verstehen sind, stellen Méliès' Werke den Spielfilm im Sinne filmischer Fiktion dar.«[3] An dieser Fiktion wird sich die **Traumfabrik Hollywoods** orientieren.

Der amerikanische Regisseur David Wark Griffith (1875–1948), mit seinen monumentalen Werken *The Birth of a Nation* (*Die Geburt einer Nation*, 1915) und *Intolerance* (*Intoleranz*, 1916) teils als Begründer des **Erzählkinos** und Schöpfer der Filmsprache betitelt, soll gesagt haben, dass er Méliès alles verdanke. Auch das stimmt nur zum Teil. Denn die Tradition ist älter und findet ihren Ursprung beim Erzählen selbst, genauer: im antiken Griechenland. Sowohl der Theaterbesitzer Méliès als auch Griffith, der dreizehn Jahre lang einer Wanderbühne angehörte, nahm sich das **antike Drama zum Muster**, weil es neben den Biographien der beiden Regisseure auch deren Filme narrativ prägte.

Wie fast jeder wissenschaftliche Begriff verfügt derjenige des Dramas bzw. der Dramaturgie über ein weites Feld der Definition. Wegweisend soll für uns die folgende aus dem *Metzler Literatur Lexikon* sein: »Gegenstand der Dramaturgie sind die Regeln für die äußere Bauform und die Gesetzmäßig-

3 Benjamin Beil / Jürgen Kühnel / Christian Neuhaus, *Studienhandbuch Filmanalyse*, München 2012, S. 24.

keiten der inneren Struktur des Dramas. […] Die aristotelische Lehre von der notwendigen Dreiteilung einer dramatischen Handlung (Exposition, Entwicklung und Auflösung der Handlung) bildet die Grundlage für die im neuzeitlichen Drama beliebte dreiaktige Bauform […].« Diese Struktur, der aristotelische Dreiakter, ist indes nicht nur beim Drama, sondern insbesondere auch beim Spielfilm beliebt. Kein Drehbuchratgeber, weder der Klassiker *Screenplay* (*Das Drehbuch*, 1979) von Syd Field noch der aktuelle Duden *Schreiben für Film und Serie* (2014), verzichtet darauf.

Jeder Spielfilm beginnt nämlich mit einer Idee, und jede filmische Idee endet im Drehbuch (engl. *script*); Ausnahmen von dieser Regel sind selten. Das Drehbuch, bei dem sich eine Seite grob in eine Filmminute verwandelt, ist die schriftliche Version des filmischen Textes oder in den Worten Syd Fields: »Ein Drehbuch ist […] eine in Bildern, Dialogen und Beschreibungen erzählte Geschichte, die im Kontext der dramatischen Struktur verankert ist.«[4] Diese Definition umreißt die drei Erzählelemente jeder Geschichte: Die **Raumzeit** (Beschreibungen), die **Figuren** (Dialoge) und deren **Handlung** (dramatische Struktur). Während die Räume dank der Filmsets und die Figuren vor allem durch das Schauspiel leben, beides Felder der Mise en Scène, gehört die Handlung zum Narrativen.

Am Anfang einer Filmproduktion steht somit das Wort, der Filmschnitt bzw. die **Montage** wird am Ende folgen. Sie ist die strukturelle Schöpferin der Erzählung. Vor allem die russischen Regisseure, insbesondere deren bekanntester Vertreter Sergej M. Eisenstein (1898–1948), sahen in der Montage, also im kunstvoll-poetischen Zusammenfügen der Einstellungen, das Wesen des Films und dessen wichtigstes Wirkungsmittel. Und

4 Syd Field, *Das Drehbuch*, Berlin 2012, S. 37.

es war der Russe Eisenstein, der dem Amerikaner Griffith in einem Aufsatz sowohl ein lobendes als auch kritisches Denkmal setzte: »Griffith ist vor allem ein Großmeister jenes Montageaufbaus, der mit einer geradlinigen Beschleunigung und Zunahme des Tempos verbunden ist (vorwiegend in den [...] Formen der Parallelmontage). Seine Schule ist daher vornehmlich eine Schule des Tempos und nicht des Rhythmus.«[5] Wenn also Méliès das filmische Medium auf neue Höhen hob, indem fiktive Räume erschlossen wurden, dann ist es Griffith, der dem Film die Herrschaft über die Zeit (lat. *tempus*) verlieh. Ohne Schnitt, ohne Manipulation des Bildflusses verginge die **erzählte Zeit** simultan zur **Erzählzeit**, sprich: Ebenso viel Zeit, wie in der Geschichte verstreicht (erzählte Zeit), verstreicht auch fürs Erzählen bzw. Filmschauen (Erzählzeit). Die Montage bricht dieses Verhältnis auf. Denn die Zeit des Betrachtens mag kontinuierlich vergehen, aber die betrachtete Zeit kann zerschnitten werden. Christopher Nolans Kriegsfilm *Dunkirk* (2017) dauert zum Beispiel 107 Minuten (Erzählzeit), aber in ihm werden drei unterschiedlich lange Geschichten (erzählte Zeiten) zusammengeschnitten, und zwar: 1. »The Mole« (eine Woche), 2. »The Sea« (ein Tag) und 3. »The Air« (eine Stunde). Andere Verfahren der Zeitmanipulation, wie zum Beispiel die **Zeitlupe** (erzählte Zeit < Erzählzeit) oder der **Zeitraffer** (erzählte Zeit > Erzählzeit), bei denen der Bilderfluss verlangsamt oder beschleunigt wird, gelten eher als Ausnahmen.

Um hierbei die Übersicht nicht zu verlieren, verwendet die Regie gerne ein grafisches Hilfsmittel: Das **Storyboard**. Sowohl die Visualisierung des Raumes als auch dessen Organisation in der Zeit kann durch dieses geleistet werden. Das Story-

5 Sergej Eisenstein, *Dickens, Griffith und wir*, in: S. E., *Gesammelte Aufsätze*, Zürich 1961, S. 110.

Abb. 2: Storyboard zu *El laberinto del fauno* (*Pans Labyrinth*, 2006). Illustrationen von Raúl Monge

board ist eine Art **Comic**, das aus dem Drehbuch hervorgegangen ist und den Film vorskizziert. Es ist die zeichnerische Version des filmischen Textes und wie das Drehbuchschreiben oder die Comics leider eine oft übersehene, fast vergessene Kunst, die hier gewürdigt werden soll.

Meistens entspricht ein Einzelbild (Panel) einer Einstellung, und die Ränder des Panels markieren den späteren Schnitt, so dass die Regie im Voraus die Bildkomposition und Montage, ja die gesamte Filmerzählung planen kann. Dass die Storyboards den Comics ähneln, überrascht dabei nicht, da ihre heutige Form von den Walt Disney Studios in den 1930er Jahren, genauer von dem Zeichner Webb Smith (1895–1950), entwickelt worden ist.

Die Anfänge des Storyboards gehen aber auf jemand anderen zurück und reichen bis zu einem der Väter des Spielfilms. Es beginnt alles mit einem theatralischen Fantasten, der seine fiktiven Erzählwelten im Voraus skizziert hat. Es beginnt alles mit dem Mann im Mondauge: Georges Méliès.

2.2 Dramaturgie der drei Akte

»Es war einmal vor langer Zeit in einer weit, weit entfernten Galaxis …« ist der märchenhafte Beginn jeder *Star Wars*-Episode. So geflügelt diese Worte sind, so oft wird dabei übersehen, dass sich die Saga damit in der Vergangenheit abspielt(e). Für Science-Fiction wirkt dies eher atypisch. Ist nicht das Zukünftige eines der Merkmale des Genres? Beim genaueren Hinschauen wird aber schnell ersichtlich, dass *Star Wars* weniger Science-Fiction als vielmehr Fantasy ist. Zwar finden sich in den Filmen Science-Fiction-Elemente, zum Beispiel der Weltraum als Handlungsort, Raumschiffe, Laserpistolen, die Begegnung mit fremden Wesen usw., trotzdem widerspricht *Star Wars* dem Genre an einem zentralen Punkt: Der typische Science-Fiction-Film sollte trotz aller fantastischen Elemente rational plausibel und als prinzipiell möglich gelten, zumindest im dargestellten (Zukunfts-)Szenario. Dies ist bei *Star Wars* offenkundig nicht der Fall. Niemand geht davon aus, dass unser Universum irgendwann einmal so sein wird oder eher jemals so war – insbesondere der Schöpfer von *Star Wars* nicht.

George Lucas, der den ersten Teil der Saga 1977 ins Kino brachte, gibt im Audiokommentar der Blu-ray-Version zu Protokoll, dass der Film eigentlich keine Science-Fiction sei, sondern sich dem Fantastischen, vor allem dem Märchen verschreibe. Vom naiven Jüngling mit verheimlichter edler Abstammung (Luke Skywalker) über die zu rettende Prinzessin (Leia) bis hin zum weisen, mentoralen Zauberer (Obi-Wan Kenobi) bediente sich Lucas freizügig beim bekannten Märchen- und Mythenfundus, um eine zeitgenössische Sage zu schreiben. Dies bezieht sich nicht nur auf die Figuren, sondern auf die gesamte Erzählstruktur. Es ist ein offenes Geheimnis, dass sich Lucas nach mehreren Drehbuchentwürfen am Ende dem Altbekannten zuwandte. In *The Making of Star Wars* von J. W. Rinzler (2007) sagt der Regisseur, er habe ein Jahr lang Märchen und **Joseph Campbells Mythenanalyse** *The Hero with a Thousand Faces* (*Der Heros in tausend Gestalten*, 1949) gelesen. Dabei bemerkte Lucas, dass er in seinen Drehbuchentwürfen unbewusst die alten Regeln der Erzählkunst, die **archetypische Heldenreise** (engl. *The Hero's Journey*) verfolgte. »So I said, I'll make it fit more into that classic mold.« Und diese *classic mold*, die klassische Erzählstruktur, scheint das Publikum zu allen Zeiten anzusprechen, sei es nun im Griechenland des Homer (*Odyssee*, um 8. Jh. v. Chr.), bei den Gebrüdern Grimm in der Romantik (*Kinder- und Hausmärchen*, Anfang 19. Jh.) oder bei J. J. Abrams erfolgreicher Wiederbelebung des *Star Wars* Franchise (*The Force Awakens / Das Erwachen der Macht*, 2015). Was ist nun diese **klassische Erzählstruktur**?

Im 7. Kapitel seiner *Poetik* (335 v. Chr.) schreibt **Aristoteles**, dass uns Handlungen, die ein Ganzes bilden, besser gefallen als solche, die keine Ganzheiten sind, und er fragt sich, was aus einer Handlung ein Ganzes macht. Seine Definition lautet nun wie folgt: »Ein Ganzes ist, was **Anfang**, **Mitte** und **Ende** hat. Ein Anfang ist, was selbst nicht mit Notwendigkeit auf etwas anderes folgt, nach dem jedoch natürlicherweise etwas anderes eintritt oder entsteht. Ein Ende ist umgekehrt, was selbst natürlicherweise auf etwas anderes folgt, und zwar notwendigerweise oder in der Regel, während nach ihm nichts anderes mehr eintritt. Eine Mitte ist, was sowohl selbst auf etwas anderes folgt als auch etwas anderes nach sich zieht. Demzufolge dürfen Handlungen, wenn sie gut zusammengefügt sein sollen, nicht an beliebiger Stelle einsetzen noch an beliebiger Stelle enden, sondern sie müssen sich an die genannten Grundsätze halten.«[6]

Diesen Grundsätzen hat sich das Erzählkino, das in Hollywood allgegenwärtig ist und auch den internationalen Spielfilm beherrscht, verschrieben. Mit der aristotelischen Dreiteilung, dem **Dreiakter**, stellt sich aber die Frage, wo genau in einem Film der erste Akt aufzuhören und wann der dritte zu beginnen hat, um den zweiten einzuschließen. Die Theorien und Ratgeber zu den sogenannten **Wendepunkten** (engl. *plot points*) sind zahlreich. Am überzeugendsten erscheint Michaela Krützens zusammenfassender Ansatz, der Joseph Campbells »Reise des Helden« mit Syd Fields »Paradigma des Drehbuchs« synthetisiert und die Figuren fokussiert: »Eine sinnvolle Bestimmung der Wendepunkte kann nur vorgenommen werden, wenn sie **figurenorientiert** verstanden werden.«[7] Als Erstes müssen wir uns also fragen, wer die Hauptfigur (griech.: Prot-

6 Aristoteles, *Poetik*, griech./dt., übers. und hrsg. von Manfred Fuhrmann, Stuttgart 1982, S. 25.

7 Michaela Krützen, *Dramaturgie des Films. Wie Hollywood erzählt*, Frankfurt a. M. 2004, S. 111.

agonist) der Geschichte ist, um anhand dieser die Struktur des Films erkennen zu können.

Aus heutiger Sicht braucht man kaum zu überlegen, wer bei *Star Wars* der **Protagonist** sein soll – es ist Luke Skywalker (Mark Hamill). Für die Kinobesucher im Jahr 1977 war dies aber keinesfalls so gewiss, denn dramaturgisch spürt man bei *Star Wars* zu Beginn den noch starken Einfluss von Akira Kurosawas *Kakushi Toride no San-Akunin* (*Die verborgene Festung*; 1958), indem anfangs kurioserweise nicht die Protagonisten eingeführt werden, sondern zwei Nebenfiguren: die beiden Droiden C-3PO und R2-D2. Luke Skywalker betritt erst nach 17 Minuten die Filmleinwand, was für einen Hollywoodfilm äußerst ungewöhnlich ist. Erst beim finalen Schnitt entschieden sich Lucas und seine Cutter für die ursprüngliche Intention und den Weg Kurosawas, trotzdem bleibt strukturell betrachtet Luke Skywalker eindeutig der Protagonist der Geschichte und der gesamten Original-Trilogie.

Theoretisch stellt sich neben der Figurenorientierung weiter die Frage, inwiefern der Held in seinem Leben Wendepunkte erlebt bzw. diese forciert. Um einen dreiaktigen Plot zu strukturieren, sind logischerweise zwei Wendepunkte vonnöten. Die **Dramaturgie der drei Akte** strukturiert sich daher wie folgt: Beim **Wendepunkt I** (engl. *plot point one*) brechen die Figuren zu einer Reise auf, mit der sie im ersten Akt irgendwie konfrontiert worden sind. Dem Aufbruch geht oftmals ein regelrechter **Ruf ins Abenteuer** (engl. *Call to Adventure*) voraus, der von den Figuren meistens verweigert wird, bis sie ihn letztlich doch annehmen – damit beginnt die Reise. Im zweiten Akt befinden sich die Helden auf ebendieser Reise. Sie führt durch eine unbekannte Welt und ist geprägt von einem zentralen Konflikt und dessen Ausläufern. Die neue Welt muss dabei nicht geographischer Natur sein, sondern kann sich auch rein

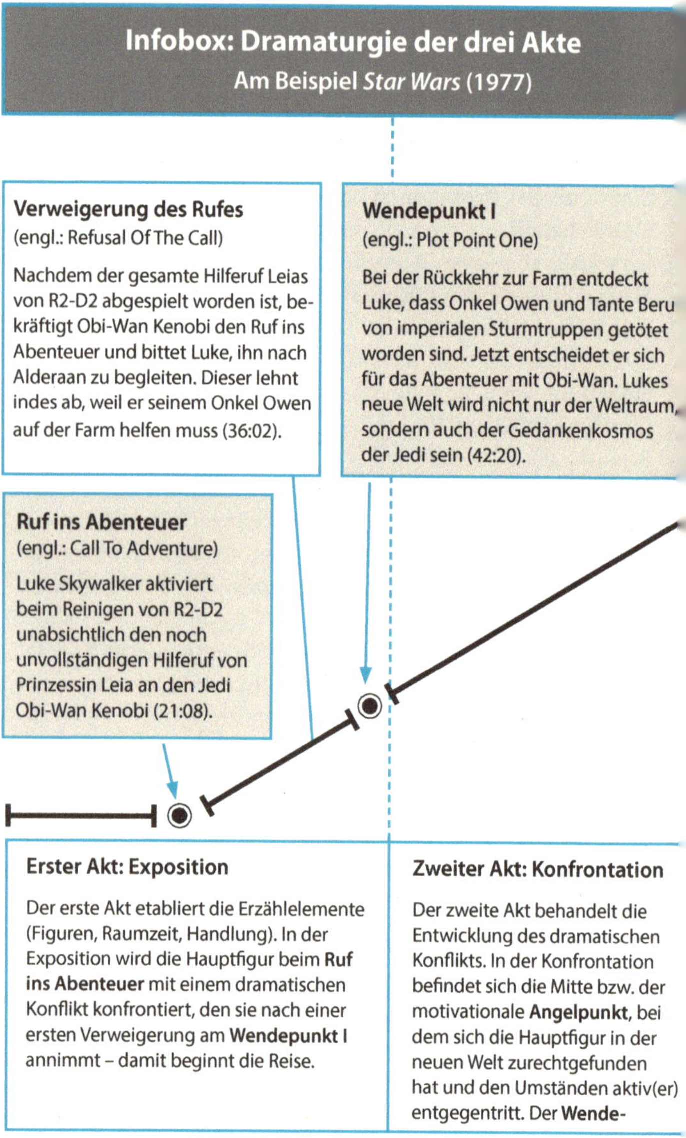

Infobox: Dramaturgie der drei Akte

Am Beispiel *Star Wars* (1977)

Verweigerung des Rufes
(engl.: Refusal Of The Call)

Nachdem der gesamte Hilferuf Leias von R2-D2 abgespielt worden ist, bekräftigt Obi-Wan Kenobi den Ruf ins Abenteuer und bittet Luke, ihn nach Alderaan zu begleiten. Dieser lehnt indes ab, weil er seinem Onkel Owen auf der Farm helfen muss (36:02).

Wendepunkt I
(engl.: Plot Point One)

Bei der Rückkehr zur Farm entdeckt Luke, dass Onkel Owen und Tante Beru von imperialen Sturmtruppen getötet worden sind. Jetzt entscheidet er sich für das Abenteuer mit Obi-Wan. Lukes neue Welt wird nicht nur der Weltraum, sondern auch der Gedankenkosmos der Jedi sein (42:20).

Ruf ins Abenteuer
(engl.: Call To Adventure)

Luke Skywalker aktiviert beim Reinigen von R2-D2 unabsichtlich den noch unvollständigen Hilferuf von Prinzessin Leia an den Jedi Obi-Wan Kenobi (21:08).

Erster Akt: Exposition

Der erste Akt etabliert die Erzählelemente (Figuren, Raumzeit, Handlung). In der Exposition wird die Hauptfigur beim **Ruf ins Abenteuer** mit einem dramatischen Konflikt konfrontiert, den sie nach einer ersten Verweigerung am **Wendepunkt I** annimmt – damit beginnt die Reise.

Zweiter Akt: Konfrontation

Der zweite Akt behandelt die Entwicklung des dramatischen Konflikts. In der Konfrontation befindet sich die Mitte bzw. der motivationale **Angelpunkt**, bei dem sich die Hauptfigur in der neuen Welt zurechtgefunden hat und den Umständen aktiv(er) entgegentritt. Der **Wende-**

Abb. 3: Dramaturgie zu *Star Wars (1977)*

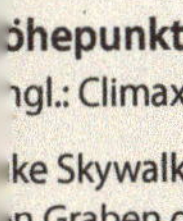

öhepunkt
ngl.: Climax)

ke Skywalker fliegt mit seinem X-Wing durch
n Graben des Todessterns und zerstört mit
lfe der Macht und einem Protonentorpedo
e imperiale Kampfstation (1:57:18).

Wendepunkt II
(engl.: Plot Point Two)

Obi-Wan Kenobi lässt sich von Darth Vader mit dem Lichtschwert niederstrecken und wird eins mit der Macht. Damit verliert Luke scheinbar seinen Mentor und befindet sich im Millennium Falcon trauernd auf einem emotionalen Tiefpunkt.
Aus diesem muss er sich indes rasch erheben, um den finalen Kampf gegen das Imperium und Darth Vader aufzunehmen (1:32:27).

ngelpunkt
ngl.: Midpoint)

achdem der Todesstern den
aneten Alderaan zerstört hat,
efreien Luke, Han Solo und
hewbacca Prinzessin Leia aus
em Gefängnistrakt der imperia-
n Kampfstation. Mit Leia ändert
ch nicht nur die Figurendyna-
ik, sondern auch das Ziel von
ukes Reise (1:16:00).

punkt II entspricht dann einem Tiefpunkt. Dort scheint die Hauptfigur am Konflikt zu zerbrechen – wir nehmen sie in einer Phase der größten Verwundbarkeit, in einer Krisis wahr, aus der sie sich erheben muss, wenn sie die Reise vollenden und den Konflikt lösen will.

Dritter Akt: Auflösung

Der dritte Akt vollendet und beschließt den anfangs etablierten und danach entwickelten dramatischen Konflikt. In der Auflösung befindet sich der **Höhepunkt**, an dem die Hauptfigur scheitert oder reüssiert. Danach kann sie in ihre alte Welt zurückkehren oder weiterziehen.

geistig als eine Art neuer Gedanken- oder Gefühlskosmos zeigen. Zunächst wirken die Figuren darin fremd und nehmen eher passiv am Geschehen teil, um sich dann in der zeitlichen Mitte und beim motivationalen **Angelpunkt** des Films (engl. *midpoint*) neu zu orientieren und den Umständen aktiv(er) entgegenzutreten. Ab hier gibt es für sie kein Zurück mehr! Sie müssen in der neuen Welt bestehen oder darin untergehen. Der **Wendepunkt II** (engl. *plot point two*) entspricht dann einer Krisis, dem Tiefpunkt der Protagonisten. Dort scheinen die Figuren am Konflikt zu zerbrechen – wir nehmen sie in einem Moment der körperlichen und/oder emotionalen Schwäche, in einer Phase der größten Verwundbarkeit wahr, aus der sie sich erheben müssen, wenn sie die Reise vollenden und den Konflikt, meistens gegen einen Antagonisten (Widersacher), lösen wollen. Die Auflösung geschieht im dritten Akt und auf dem dramaturgischen **Höhepunkt** des Films (engl. *climax*). Danach können die Figuren, sofern sie als Sieger aus dem Konflikt hervorgehen, in ihre alte Welt zurückkehren oder zu neuen Ufern aufbrechen.

Interessant ist, dass die aktuell nicht zwangsläufig besten, aber gefragtesten Ratgeber für filmische Dramaturgie, Syd Fields *Screenplay* (*Das Drehbuch*, 1979), Christopher Voglers *The Writer's Journey* (*Die Odyssee des Drehbuchschreibers*, 1992) und Blake Snyders *Save the Cat!* (*Rette die Katze!*, 2005), bei der Darstellung des Plots auf eine **Spannungskurve** verzichten (Snyder), dafür eine horizontale Linie (Field) oder gar einen Kreis (Vogler) vorziehen. Das ist insofern verblüffend, weil sowohl Vogler als auch Field in ihren Theorien von einem finalen, den grundlegenden Konflikt auflösenden Höhepunkt ausgehen, diesen aber grafisch nicht darstellen. Field wählt die Horizontale, weil er strukturell vor allem in Zeitdimensionen und genauen Zeitangaben denkt, während Vogler sich mit seinem Diagramm an Joseph Campbells zirkulärer Reise des Helden orientiert. Logischer erscheint es aber, wenn wir den dramatischen Aufbau wie oben (S. 12) anhand eines Dreiecks wiedergeben, um der steigenden Spannung eines Films auch visuell gerecht zu werden. Das ist lose mit Gustav Freytags dramaturgischem Klassiker *Technik des Dramas* (1863) verknüpft, obschon auch Freytag sein Dramendreieck nicht als Spannungskurve verstanden hat; trotzdem ist die Verwendung einer pyramidalen Figur vorbildlich.

Im Spielfilm ist der Dreiakter in allen Ländern, bei allen Genres und zu allen Zeiten prominent vertreten. Denn das Erzählen von Geschichten ist eine menschliche Konstante, die sich in den verschiedensten Kulturen ähnlich entwickelt hat. So können wir im Folgenden einen japanischen Monsterfilm (*Godzilla*, 1954), einen amerikanischen Western (*Unforgiven*, 1992; dt.: *Erbarmungslos*) und einen deutschen Liebesfilm (*Goethe!*, 2010) dramaturgisch genauer betrachten. Alle teilen trotz unterschiedlichster Herkunft, Thematik und Qualität denselben narrativen Bauplan.

2.2.1 Exposition

Expositio (Darlegung): Im ersten Akt »stellt der Drehbuchautor die **Figuren** vor, legt die dramatische Prämisse (worum die Geschichte sich dreht) und die Situation (die Umstände, die die **Handlung** umgeben) dar und setzt die Hauptfiguren mit den anderen Charakteren, die diese **Welt** bevölkern, in Beziehung«.[8] Der erste Akt etabliert die Erzählelemente und mit ihnen den zentralen, dramatischen Konflikt der Geschichte. In

8 Field (s. Anm. 4), S. 41.

der Exposition befindet sich der **Ruf ins Abenteuer** und der **Wendepunkt I.**

Goethe! (2010) beginnt, wie könnte es anders sein, mit einem Text: »1772. Johann Goethe ist 23 und studiert Jura. Er spricht viel und trinkt nicht wenig. Und muss die Prüfung zum Doktor bestehen.« Der Film lässt nach dieser Einblendung keine Möglichkeit aus, um uns zu zeigen, dass wir es hier nicht mit dem alten, geadelten Dichterfürsten, sondern mit seinem jugendlich-wilden Alter Ego zu tun haben. Bei seinem ersten Auftritt stolpert Goethe (Alexander Fehling) in die Anmeldebank des Staatsexamens, das er ebenso eloquent wie rotznäsig versemmelt. Nicht Jura, die Dichtkunst interessiert ihn! Was er von den Prüfern und dem Fach an sich hält, schreibt er dann in exaltierter Manier in den Schnee. Es ist eine Variation der Worte aus seinem Drama *Götz von Berlichingen* (1773): »Lecket mich!« Diese Stolperer mögen expositorisch sein, beim Ruf ins Abenteuer ist es aber nicht Goethe, der über seine Füße fällt, sondern Lotte Buff (Miriam Stein). Sie läuft auf einem Fest in den jungen Advokaten, vergießt dessen Wein und macht damit den ersten, unbeabsichtigten Schritt in die Liebesgeschichte. In fast jedem Liebesfilm ist das erste Aufeinandertreffen der Protagonisten der Ruf ins Abenteuer, weil jede Liebe abenteuerlich ist, und in fast jedem Liebesfilm verheimlichen die Liebenden zunächst ihre Zuneigung. Sie verweigern den Ruf. Bei *Goethe!* sagen beide wechselseitig, dass sie »nicht interessiert« seien, und gehen dann scheinbar ihres Weges. Aber dieser Weg wird zueinander führen. Denn Goethe ist von der ungestümen Lotte begeistert; sie inspiriert den Stürmer und Dränger. Der erste Wendepunkt findet dann in der Kirche von Wetzlar statt, als sich Goethe ein Herz fasst und seinen Namen vor Lotte stammelt. Die neue Welt, in die sich die beiden anschließend begeben, wird keine geographische, sondern eine Welt der Sehnsucht und Liebe sein.

Auch *Unforgiven* (*Erbarmungslos*, 1992) beginnt mit einer Texteinblendung. Wir erfahren, dass eine Frau in die Ehe mit William Munny (Clint Eastwood), einem bekannten Dieb und Mörder, gegangen war, bevor sie 1878 an den Pocken starb. Jetzt schreiben wir das Jahr 1880, die Szenerie ist Big Whiskey, eine kleine Westernstadt in Wyoming. Laute Schreie dringen aus einem Hurenhaus, aber viele Meilen entfernt ist nichts mehr davon zu hören. Es herrscht Ruhe bei William Munny. Aus dem bekannten Mörder ist ein unscheinbarer Schweinefarmer geworden, der nur mit Mühe aus dem Dreck aufstehen kann und dessen Hände längst nicht mehr am Colt liegen. Zu diesem Schweinefarmer reitet ein Junge, Schofield Kid (Jaimz Woolvett), und er bittet um Eintritt in Munnys Haus. Dort eröffnet er dem ehemaligen Mörder, dass er einen kaltblütigen Partner brauche, um zwei Cowboys zur Strecke zu bringen, die das Gesicht einer Hure verstümmelt hätten. Die Belohnung: 1000 Dollar. Wie so oft bei einer klassischen Dramaturgie verweigert Munny zunächst diesen Ruf ins Abenteuer und sagt: »So was tue ich nicht mehr, Kid. Es war der Whiskey, der mich dazu gebracht hat.« Jetzt sei er geläutert, seine verstorbene Frau habe ihn vor der Sauferei und der Sünde geheilt. Aber die Sünde ist nicht tot. Als Schofield Kid wegreitet, schaut Munny nicht nur der Belohnung nach. Er blickt auch in seine Vergangenheit. Hier, beim ersten Wendepunkt, nimmt er innerlich das Abenteuer an, denn die nächste Szene zeigt, wie Munny die Hand wieder an den Colt legt und sich an Schießübungen versucht. Die neue Welt, in die er dann reiten wird, ist geographisch der Weg nach Big Whiskey und metaphorisch ein Ritt durch die Seelenlandschaft. Es ist die Konfrontation mit den Sünden der Vergangenheit.

Godzilla (1954) hat von den drei Beispielfilmen die ungewöhnlichste Exposition, weil sie keinen Protagonisten, sondern das japanische Volk fokussiert. Obwohl der Marineoffizier Hideto Ogata (Akira Takarada) am Anfang das Telefon abnimmt und zum Seenotdienst bzw. ins Abenteuer gerufen wird, ist er anschließend zu unscheinbar, um als Hauptfigur zu gelten. Er gehört aber zu einem Ensemble, das sich um die Familie Yamane gruppiert und die wichtigsten Rollen des Films verkörpert. Da wären Professor Yamane (Takashi Shimura), Oberhaupt der Familie, und seine Tochter Emiko (Momoko Kōchi). Sie ist die Freundin von Ogata, gleichzeitig hat ihr Vater sie aber dem Wissenschaftler Dr. Serizawa (Akihiko Hirata) versprochen. Alle diese Figuren werden eine spezielle Beziehung zum Godzilla haben, aber im ersten Akt steht keine Figur im Fokus. Es dominieren vielmehr Szenen der Verunsicherung: Schiffe verschwinden um die Insel Odo, SOS wird gefunkt, Telefone läuten, auf die niemand richtig zu reagieren weiß, und der Marinestützpunkt wird mit besorgten Bürgerinnen geflutet, die um Aufklärung bitten. Keiner weiß, was genau auf und um die Insel Odo geschieht, so dass die Ältesten zur Legende greifen, um das Unerklärliche zu erklären. Des Rätsels Lösung sei der Godzilla, ein sagenumwobenes Ungeheuer, das für Schrecken und Zerstörung sorge. »Wenn der Godzilla im Meer keine Fische mehr findet, geht er an Land und frisst Menschen.« Einige tun diese Erklärung als Märchen ab, andere glauben fest daran. Klarheit bringt der Wendepunkt I: Es ist der erste Auftritt von Godzilla. Als er auf der Insel Odo über die Bergkuppe blickt, schauen nicht nur die Filmfiguren erschreckt auf, ebenso nimmt das Publikum zum ersten Mal das schreckenerregende, furchtbare Ungeheuer wahr. Die Leinwand hat ein popkulturelles Monster geboren.

2.2.2 Konfrontation

Confrontatio (Gegenüberstellung): Im zweiten Akt »stößt die Hauptfigur auf **Hindernisse**, die sie davon abhält, ihr dramatisches Grundbedürfnis zu erfüllen. Das Grundbedürfnis wird definiert als das, was die Figur im Lauf des Drehbuchs erreichen oder bekommen will.«[9] Der zweite Akt behandelt die Entwicklung des dramatischen Konflikts. In der Konfrontation befindet sich die Mitte bzw. der motivationale **Angelpunkt** des Films und der **Wendepunkt II**.

In *Godzilla* kommt es buchstäblich zu einer Konfrontation: Das japanische Volk wird mit dem Godzilla konfrontiert. Wir erfahren zudem von Professor Yamane, dass das Monster aus der Juraperiode stamme, viele Jahrmillionen in einer unterseeischen Höhle gelebt habe und durch die Atombomben in seinem Frieden gestört worden sei. Bereits hier erkennen wir, wie der Professor grundsätzlich für die Erforschung dieses Wesens und nicht für dessen Vernichtung plädiert. Als Zoologe ist er interessiert am Leben, aber die Regierung entscheidet sich für den Tod. Mit Wasserbomben möchte die Marine das Ungeheuer zurück in die Untiefen des Meeres schicken, und so kommt es zum Angelpunkt des Films, dem ersten Angriff des Godzillas auf das japanische Festland. Hier zeigt sich den Japanern, dass es kein Angriffskrieg, sondern ein verzweifelter Abwehrkampf sein wird. Man baut Stacheldrahtzäune und setzt sie mit 50 000 Volt unter Strom. Man sichert und evakuiert die Küstengebiete. Man glaubt, damit das Monster in seine Schranken zu weisen – aber der Godzilla lässt sich nicht aufhalten. Er entsteigt dem Meer und zerstört mit seinem radioaktiven Atem die Hauptstadt Tokio. »Gegen den sind wir machtlos«, schreit

9 Field (s. Anm. 4), S. 44.

jemand aus dem Volk, und nur Emiko Yamane weiß, dass dies nicht stimmt. Dr. Serizawa hat ihr vor kurzem den Oxygen-Zerstörer vorgeführt, der allen Sauerstoff in seiner näheren Umgebung und damit alles Leben zersetzen kann, aber der Wissenschaftler hat Emiko damals um absolutes Stillschweigen gebeten. Die Menschheit sei nicht bereit für diese Erfindung. In den falschen Händen werde sie zur furchtbarsten Waffe. Jetzt, da das japanische Volk am Tiefpunkt angekommen ist, und im Angesicht des Trümmerfeldes und der Verstrahlten kommt es zur Wende, weil Emiko ihr Wort bricht und Ogata vom Oxygen-Zerstörer erzählt. Gemeinsam gelingt es den beiden daraufhin, Dr. Serizawa vom Einsatz seiner Erfindung zu überzeugen; zum Wohl des japanischen Volkes. Es ist kein Akt des Krieges, sondern einer der Rettung, um das Unglück des Jahrhunderts abzuwenden.

Bei *Goethe!* ist der Wechsel vom ersten zum zweiten Akt auch einer der Kostüme. Wenn die neue Welt, in die Goethe und Lotte stolpern, die Welt der Sehnsucht und Liebe ist, dann wählen die Filmemacher für den Protagonisten ein sinnvolles neues Kostüm. Es ist die berühmte *Werther*-Tracht: Der blaue Tuchfrack, eine gelbe Weste, Kniehosen aus gelbem Leder, Stulpenstiefel und ein grauer Filzhut. Die Idee dazu stammt aus Goethes Briefroman *Die Leiden des jungen Werthers* (1774), der von der unglücklichen Liebe eines jungen Advokaten berichtet und damit die Schablone für den Film liefert. Lotte sagt dann zum Outfit kokett: »Sie sehen sehr … blau-gelb aus.« Und Goethe kontert, dass man das so trage in Paris – der Stadt der Liebe. In der Mitte des Films wird sich diese Liebe in einem Gedicht (*Willkommen und Abschied*, 1770, frühere Fassung, 1. und 3. Strophe) äußern:

»Es schlug mein Herz. Geschwind, zu Pferde!
Und fort, wild wie ein Held zur Schlacht.
Der Abend wiegte schon die Erde,
Und an den Bergen hing die Nacht.
[…] Ich sah dich, und die milde Freude
Floß aus dem süßen Blick auf mich.
Ganz war mein Herz an deiner Seite,
Und jeder Atemzug für dich.«[10]

Ab diesem Angelpunkt gibt es für den Dichter Goethe kein Zurück mehr; er liebt Lotte, und sie lieben sich kurz darauf im Regen. Das Problem: Lotte ist ohne ihr Wissen bereits dem Gerichtsrat Albert Kestner (Moritz Bleibtreu), dem Vorgesetzten Goethes, versprochen worden. Und Goethe hilft diesem sogar, indem er ihm die faustischen Worte zum Heiratsantrag liefert, ohne zu wissen, dass sie für Lotte bestimmt sind. »Es ist die Liebe, die die Welt im Inneren zusammenhält«, belehrt der jüngere den älteren Advokaten und beschert ihm damit das Liebesglück, nach dem er sich selbst so sehnt. Erst bei der Verlobungsfeier von Lotte und Albert, in die Goethe platzt, erkennen alle die Wahrheit. Sie haben sich unwissentlich in einem Liebesdreieck befunden. Goethe ist zu Tode betrübt. Dieser Tiefpunkt korrespondiert zeitlich mit demjenigen seines tolldreisten Freundes Jerusalem (Volker Bruch), einem ebenso unglücklich Verliebten, der darüber verzweifelt und sich vor den Augen Goethes mit einer Pistole in den Kopf schießt. Alles hat sich gegen unseren Protagonisten gewendet – in einer Welt, die dank der Liebe zusammenfällt.

Der zweite Akt in *Unforgiven* ist gepflastert mit Lügen. Als

10 Johann Wolfgang Goethe, *Sämtliche Werke*, hrsg. von Ernst Beutler [u.a.], Bd. 1: *Die Gedichte der Ausgabe letzter Hand*, Zürich 1949, S. 48 f.

Schofield Kid, William Munny und dessen dazugestoßener Freund aus alten Tagen, Ned Logan (Morgan Freeman), nach Big Whiskey reiten, wird viel gesprochen und noch mehr dementiert. Kid, der ein gefürchteter Revolverheld werden will, ist offenkundig begeistert von all den Legenden, die man sich über Munny erzählt. Aber diese entsprechen nicht der Wahrheit. Munny hat noch viel brutaler, erbarmungsloser getötet! Ned sagt ihm das heimlich, weil der Mörder sich an den genauen Hergang seiner Taten nicht mehr erinnern kann – er war jeweils zu betrunken. Auf dem Ritt durch Wyoming sagt er zu seinen Weggefährten mehrmals, dass er nicht mehr so sei wie früher, dass seine verstorbene Frau ihn geheilt habe. Dem Töten habe er vor elf Jahren abgeschworen – aber das Töten hat ihn nicht vergessen. Es wartet in Big Whiskey. In der Mitte des Films erreichen wir die Stadt und es ist der von einer Erkältung geschwächte Munny, welcher kurz darauf vom rabiaten Sheriff Little Bill (Gene Hackman) gnadenlos verprügelt wird. Obwohl Schofield Kid, Ned Logan und William Munny die Flucht gelingt, kämpft Letzterer anschließend mit dem Tod und sieht in seinem Delirium den Todesengel mit Schlangenaugen. Man könnte meinen, wir befänden uns am Tiefpunkt des Protagonisten – in Wahrheit ist es erst der motivationale Angelpunkt. Ab nun wird das Töten beginnen. Alles, was sich Munny zuvor eingeredet hat, entpuppt sich als Lüge, und die Fratze der Vergangenheit bleckt ihre Zähne. Den ersten Cowboy mag Munny noch aus der Distanz mit einer Spencer Rifle erschießen, aber nachdem er von einer Hure erfährt, dass Little Bill seinen Freund Ned gefasst, verhört und zu Tode gepeitscht hat, bricht der Widerstand gegen sein altes Ich vollends. Hier ist der Wendepunkt II. Hier greift Munny wieder zur Whiskeyflasche und fängt an zu trinken, exakt zu dem Zeitpunkt, als die Hure anfängt über sein altes Leben zu referieren. Munny habe gemäß dem verhörten Ned viele Frauen und Kinder getötet, einen US-Marshall erschossen, und er sei noch viel kaltblütiger als Billy the Kid. Das ist die einzige Wahrheit in diesem Akt. Gelogen hat nämlich auch Schofield Kid. Er ist gar kein Killer und möchte auch keiner sein. Die Kurzsichtigkeit des Jungen zeigt sich sowohl in seinen Augen – er sieht nicht besonders weit – als auch in seinem Geist: Er hat nicht vorhersehen können, wie stark das Töten die Seele korrumpiert. So reitet Munny allein zurück in die Stadt, die den Namen seiner Sünde trägt: Big Whiskey.

2.2.3 Auflösung

Resolutio (Auflösung): Im dritten Akt liegt »der Handlungsabschnitt, in dem sich die Geschichte auflöst. Es ist nicht das Ende; das Ende ist die besondere Szene, Aufnahme oder Sequenz, die wirklich am Schluss des Drehbuchs steht.«[11] Der dritte Akt vollendet und beschließt den anfangs etablierten und danach entwickelten Konflikt. In der Auflösung befindet sich der **Höhepunkt** des Films.

Bei *Unforgiven* darf man auch von einem **Showdown** sprechen, weil kein Genre diesen so zelebriert wie der Western. Im Saloon von Big Whiskey kommt es zum Bleihagel, der von Donner, Regen und Nacht begleitet wird; es ist das klassische Ende einer klassischen Dramaturgie. »Sie sind William Munny aus Missouri«, sagt Little Bill und fügt erzürnt hinzu: »Ein Mörder von Frauen und Kindern.« Die Replik Munnys ist eiskalt: »Das ist wahr. Ich habe Frauen und Kinder getötet und einen Haufen anderer, die mir zur unrechten Zeit vor den Lauf gekommen sind. Heut' bring ich Sie um, Little Bill. Für den Tod

11 Field (s. Anm. 4), S. 46.

von Ned.« Es sind markige Worte, gesprochen aus einem Gesicht, dessen Augen todschwarz sind und dem Filmtitel alle Ehre machen. Hier, am dramaturgischen Höhepunkt, zeigt Munny sein wahres Ich, von dem wir in den zwei Stunden zuvor nur gehört haben. Hier ist er der kaltblütige, verdammte Killer. Er ist der Todesengel mit Schlangenaugen. Am Ende der Szene liegen Little Bill, drei seiner Deputys und der Barbesitzer, der unbewaffnet war, tot auf dem Boden. Aber man sollte sich eben bewaffnen, wenn man seinen Saloon mit den toten Freunden von William Munny schmückt. Obwohl *Unforgiven* wie ein typischer Western aufgebaut ist, rechnet er insgesamt mit den Gepflogenheiten des Genres und dem Mythos des Hauptdarstellers erbarmungslos ab. Clint Eastwood, der so viele Westernhelden verkörpert hat, ist hier nicht der namenlose Blonde, der sich seiner zahlreichen Widersacher elegant entledigt. Er trägt keinen Poncho, kaut auf keinem Zigarillo, er verkörpert nicht das glorifizierte Töten. William Munny, der Schweinezüchter, ist das größte und kränkste Schwein im Wilden Westen. Am Ende mag er den Kampf gegen Little Bill gewonnen haben, den gegen sich selbst hat er aber verloren.

In Umkehrung dazu verliert der Protagonist in *Goethe!* das Werben um die geliebte Lotte, gewinnt aber das Publikum mit seiner Dichtkunst. Nachdem sich Goethe mit seinem Rivalen Albert duelliert hat und aufgrund dieses illegalen Aktes ins Gefängnis geworfen wird, beginnt er mit der Niederschrift seiner Liebesgeschichte. Es werden *Die Leiden des jungen Werthers* sein. Lotte, die das Manuskript von Goethe zugesandt bekommt, erkennt durch die Lektüre rasch dessen Absicht zum Suizid. Ihr Gang ins Gefängnis kulminiert im dramaturgischen Höhepunkt. Dort, wo sich Goethe mit der Pistole Jerusalems das Leben zu nehmen gedenkt, dort gesteht er seiner Angebeteten: »Ohne Sie kann Werther nicht leben!« Aber Lotte erklärt dem hoffnungslos Verliebten, dass ihr Leben nicht dasjenige von Werther und noch weniger dasjenige von Goethe sei. Das eine ist Dichtung, das andere Wahrheit. Und nur in jenem wird er seine wahre Berufung finden. Denn Lotte schickt, ohne dass Goethe etwas davon mitbekommt, das Manuskript an einen Verlag. Am Ende des Films, sechs Monate später und nachdem der junge Dichter in seine alte Welt Frankfurt zurückgekehrt ist, erleben wir ihn dann himmelhochjauchzend, weil aus seinem Manuskript ein Bestseller geworden ist.

Liebe und Tod spielen auch im dritten Akt von *Godzilla* die Hauptrollen. Emiko, die Ogata liebt, aber Dr. Serizawa versprochen worden ist, muss mitansehen, wie die beiden Männer in die Untiefen des Meeres absteigen. Dort lauert der Godzilla. Was aber weder Emiko noch Ogata ahnen, ist, dass Serizawa nicht nur das Monster vernichten möchte, sondern auch sein Geheimnis des Oxygen-Zerstörers. Niemandem soll diese Waffe in die Hände fallen, außer dem Schöpfer selbst, aber dieser wird mit seiner Erfindung untergehen. Dr. Serizawa ist der Tod geworden, der Zerstörer von Welten, und er führt seine Forschung zur letzten Konsequenz. Nachdem Ogata sicher aufgetaucht ist, aktiviert Serizawa in der Nähe des Godzillas den Oxygen-Zerstörer und zersetzt sich und das Monster in einem Meer von Molekülen. »Ogata, ich tat meine Pflicht. Werden Sie glücklich mit Emiko, leben Sie wohl. Leben Sie wohl.« Diese letzten Worte Serizawas und der Tod des Godzillas sind der Höhepunkt des Films, und wir spüren, dass der Doktor nicht nur Emiko und Ogata anspricht. Alle Japaner sollen glücklich werden! Vielleicht sogar die gesamte Menschheit. Und so hält Professor Yamane die mahnende Schlussrede: »Wenn wir in maßloser Vermessenheit fortfahren, die Atomkraft zu missbrauchen, kann es sein, dass Schlimmeres geweckt wird, kann es sein, dass größeres Unheil über uns hereinbricht als dieser Godzilla.«

Alle hier besprochenen Filme sind höchst unterschiedlich, aber sie haben einen gemeinsamen Nenner: Die Dramaturgie der drei Akte. Es ist die natürlichste Weise, eine Geschichte zu erzählen.

2.3 Alternativen zum Dreiakter

»Das war der Seelen wunderliches Bergwerk.
Wie stille Silbererze gingen sie
als Adern durch sein Dunkel. Zwischen Wurzeln
entsprang das Blut, das fortgeht zu den Menschen,
und schwer wie Porphyr sah es aus im Dunkel.
Sonst war nichts Rotes.«[12]

Das sind die ersten Zeilen aus Rainer Maria Rilkes Gedicht *Orpheus. Eurydike. Hermes* (1907). Und im Seelenbergwerk, dort, wo das Leben beginnt und die Lebenden enden, hat ein Regisseur Mut geschöpft, um einen Film über Engel zu drehen. Die Sprache ist von Wim Wenders und seinem Werk *Der Himmel über Berlin* (1987). Wenders Film, dem man gerne vorwirft, er sei zu kopflastig, entsprang entgegen aller Unkenrufe nicht der Rationalität. Auf der Arthaus Bonus-Disc (DVD) spricht der Regisseur vielmehr darüber, dass er ein Jahr lang jeden Abend ein Gedicht von Rilke gelesen habe und so zum *Himmel über Berlin* inspiriert worden sei. »Er ist so radikal, wie ein Gedicht radikal sein kann, und der Film ist wie ein Gedicht entstanden.« Ohne Drehbuch, völlig aus dem Bauch heraus, überhaupt nicht rational. Die Gedanken der Berliner ziehen sich wie Strophen,

12 Rainer Maria Rilke, *Gedichte*, Ausw. und Nachw. von Dietrich Bode, Stuttgart 1997, S. 126.

die Verse des Lyrikers Peter Handke wie ein Refrain durchs Werk. Und wie ein Gedicht bringe der Film das hervor, was man nicht erzählen könne. War ein Film in seinem Bestreben je edler als dieser?

Wim Wenders gehört damit zu einem speziellen Kreis von Regisseuren, deren Primat nicht die Erzählung (Epik), sondern das **Filmgedicht** (Lyrik) ist. Hier geht es nicht um eine geradlinige Handlung, es interessieren keine Wendepunkte, Akte oder Abenteuer, allein das Gefühl und der wallende Rhythmus spielen die Hauptrollen. Gedichte, das sind geordnete Silben in empfindsamen Worten, und sie kommen aus dem Innersten, um für das Innerste zu sprechen. Es sind Silbenerze im Seelenbergwerk. Wer also die Filme von einem Wim Wenders oder Jim Jarmusch schaut, darf keine klassische Dramaturgie erwarten. Diese Filme haben keine drei Akte, sie sind ein Akt meditativer Betrachtung, eingehüllt in wenige Worte, die alles aussagen. Sie erzählen in erster Linie keine Geschichten, sondern porträtieren Gefühle, suchen Bilder für das Unsagbare, für das Unsichtbare.

Kann es da noch verwundern, wenn der Protagonist in Jarmuschs *Dead Man* (1995) William Blake heißt und die Verse des gleichnamigen englischen Poeten (1757–1827) fortlaufend zitiert werden? Sind die ersten 15 Minuten von Alain Resnais' *Hiroshima, mon amour* (1959) kein langes Bildgedicht, keine Montage lyrischer Worte? »Du hast nichts gesehen in Hiroshima, nichts.« Sagt die Stimme eines Mannes. »Ich habe alles gesehen, alles.« Sagt die Stimme einer Frau. Und zwischen dem Nichts und dem Alles bleibt viel Platz zum Interpretieren; wie bei einem Gedicht. Die Asche von Hiroshima, sie rieselt am Anfang des Films auf zwei sich liebende Körper, bedeckt sie mit dem Regen der Apokalypse. Die Asche von Hiroshima, sie ist das japanische Volk, die verbrannten Körper, die sich sehnsüchtig auf die Liebenden legen, geboren aus dem Holocaust tausender Sonnen. Wer in Hiroshima war, hat gesehen, wie alles zu nichts werden kann. Hat gesehen, wie eine Atombombe das Leben in Asche verwandelt. »Gleich mit seinem ersten Spielfilm entfernt sich Alain Resnais [...] von den Trampelpfaden gebräuchlicher Kinodramaturgie«, schreibt *Der Spiegel* 1960 und verleiht damit dem cineastischen Zeitgeist sein Leitmotiv.

Weg vom Altbewährten, hin zu einer neuen Form des Erzählens. Das ist die Richtung der französischen **Nouvelle Vague** (Neue Welle), die ab 1959 zu fernen Ufern der Filmkunst aufbricht. Während in den USA das Studiosystem zu bröckeln beginnt und allmählich unter der Last der eigenen Konventionen kollabiert, wagen einige Intellektuelle Frankreichs (Claude Chabrol, Jean-Luc Godard, François Truffaut) die filmische Rebellion. Ihr Einfluss ist bis ins Kino der Gegenwart spürbar.

Quentin Tarantino, der einflussreichste Regisseur des aktuellen Kinos, nannte seine Produktionsfirma nicht grundlos *A Band Apart*. *Bande à part* (1964) ist ein Film von Jean-Luc Godard und der Titel ein sprechender Name: Eine Bande von Außenseitern. Das sagt viel aus über die Regisseure, die sich entgegen der Konventionen der Filmsprache an neuen Erzählformen versuchen. Dazu gehört auch der sogenannte **Episodenfilm**. Wenn in Tarantinos *Pulp Fiction* (1994) nicht eine Geschichte, sondern drei Episoden in chronologischer Virtuosität zusammengeschnitten werden, dann ist das mehr als kunstvoll – es ist ein Weg fernab der Trampelpfade. Aus der Sicht Hollywoods kann das nur Schund sein. Und so beginnt *Pulp Fiction* (»Schundliteratur«) selbstreflexiv mit der Definition seines eigenen Titels, weil er seine schmutzigen Geschichten schmutzig, also entgegen der gebräuchlichen Kinodramaturgie erzählen will.

Selbstreflexion gehört auch zu Federico Fellinis *8 ½* bzw. *Otto e mezzo* (*Achteinhalb*; 1963). Dieses Kunstwerk übers Filmemachen macht sich offenkundig einen Spaß daraus, seine eigene Struktur zu thematisieren und das Klassische zu konterkarieren. Im Kurort, wo sich der Regisseur Guido Anselmi (Marcello Mastroianni) von seinen filmischen Dämonen zu kurieren versucht, sagt der Filmkritiker Daumier (Jean Rougeul), dass ein Film ohne einen zentralen Konflikt zu einer Folge von unzusammenhängenden Episoden werde. Genau das scheint *8 ½* zu sein, und so lesen wir im Booklet der Arthaus Premium Edition (DVD): »Statt einer linearen Handlung folgt der Film Guidos subjektiver Wahrnehmung, seinen Assoziationen; am ehesten könnte man den Aufbau wohl als *episodisch* bezeichnen.« Sowohl das Selbstreflexive als auch das Episodische widersprechen dem klassischen Kino, und *8 ½* zieht Hollywood sogar durch den Kakao, wenn der Film einem Gast mit amerikanischem Akzent und schlechtem Deutsch die folgenden Worte in den Mund legt: »Right you are! Für mich Filme sind kein Medium für intellektuelle Spielereien! Sie müssen sein einfach und klar gebaut und auch für den naiven Zuschauer verständlich.« *8 ½* ist all das nicht und möchte es auch nicht sein.

Auf erzählerisch ähnlich gewundenen Wegen bewegt sich der eigenwillige Regisseur David Lynch, insbesondere in seinem Film *Mulholland Drive* (*Mulholland Drive – Straße der Finsternis*, 2001), wo der Traumfabrik Hollywoods ein cineastisches Denkmal gesetzt und ein satirischer Denkzettel verpasst wird. Der Filmkritiker Stephen Holden schreibt dazu in der *New York Times* (6. 10. 2001): »*Mulholland Drive* ranks alongside Fellini's *8 ½* and other auteurist fantasias as a monumental self-reflection.« Aber wie jede Selbstreflexion, wie jeder Blick in den Spiegel zeigen uns diese Filme eine subjektiv verzerrte und objektiv gespiegelte Wahrheit. Niemand ist so, wie er sich selbst im Spiegel sieht – vor allem nicht, wenn David Lynch hinter den Spiegeln sitzt. Seine Filme (u. a.

Blue Velvet, *Lost Highway*) verfolgen keinen geraden narrativen Weg, sondern sind »auf die Formung von Stimmung angelegt, die wie in der Malerei und in der Musik oft einen Vorrang vor den erzählten Inhalten haben«.[13] Das bestätigt Lynch im Making-of zu *Mulholland Drive* (DVD) und erläutert in diesem Sinne auch den Filmtitel: Der Mulholland Drive sei eine kurvige Traumstraße, verschlossen in der Zeit, und er vermittle ein spezielles Gefühl. Und obwohl sich die Handlung durch die Hügel von Los Angeles schlängelt, könnte die Dramaturgie Hollywood nicht fernerliegen. Auf diesem Boulevard der Dämmerung verlieren sich die Figuren in sich selbst, Schauspielerinnen wechseln scheinbar ihre Rollen, Handlungsstränge werden angerissen und aufgegeben, und der Club »Silencio« (»Schweigen«) zelebriert die Verwirrung. Gegenüber dieser Erzählstruktur könnte die Interpretation sprachlos erscheinen, tatsächlich schweigen und die Ruhe genießen, aber wie bei den Texten Franz Kafkas provoziert das Uneindeutige geradezu die Deutungen. Am 21. Dezember 2001 führte die *Frankfurter Allgemeine* mit David Lynch ein Interview und betitelte diesen nachträglich als »Ein Kafka Hollywoods«. Auf die Behauptung, dass Lynch sicherlich der Lieblingsregisseur Kafkas gewesen wäre, weil sie beide diesen traurigen, absurden Humor pflegten, antwortet Lynch: »Viele halten Kafka für dunkel und mystisch, eine Meinung, die ich überhaupt nicht teile. Für mich ist Kafka ein genialer Komiker.« Erinnerungen an Fellini werden geweckt. Dieser klebte sich bei den Dreharbeiten zu *8 ½* einen Zettel mit der Aufschrift »Film Comico!« an die Kamera, damit er nicht vergisst, dass er einen komischen Film dreht. Denn alles Komische, also das, worüber wir lachen, »ergibt sich durch die Beziehung

13 Susanne Kaul / Jean-Pierre Palmier, *David Lynch*, München 2011, S. 17.

auf eine Regel, der es widerstreitend gegenübertritt«.[14] Bei David Lynch und Federico Fellini ist diese »Regel« das klassische Erzählkino, das humorvoll zersetzt wird, weil eine komische Erzählweise die Wahrheit nicht ernst nimmt.

Man nennt diese Herangehensweise auch das **unzuverlässige Erzählen**. Der Begriff stammt aus der Literaturwissenschaft und meint, dass wir der Erzählinstanz misstrauen müssen. Sie kann uns wie in *The Ususal Suspects* (*Die üblichen Verdächtigen*, 1995) anlügen oder eine naive Sicht präsentieren, zum Beispiel bei *Forrest Gump* (1994). Im Fall von *Mulholland Drive* kann sie uns auch im Unklaren lassen, was wahr und was falsch, was Traum und was Wirklichkeit ist. Und obwohl sich das unzuverlässige Erzählen in den letzten Jahrzehnten sowohl in Europa und seit dem Kassenschlager *The Sixth Sense* (1999) auch in Hollywood größter Beliebtheit erfreut, widerspricht eine erzählte Welt, die sich nachträglich als unwahr oder zumindest fragwürdig erweist, dem Konventionellen. Filmhistorisch ragt diesbezüglich ein Beispiel heraus: Akira Kurosawas *Rashōmon* (1950).

»Mhm, tja, diese Geschichte werde ich nie verstehen«, sagt zu Beginn des Films ein Holzfäller und sitzt unter dem zerfallenen Dach des Rashōmon-Tores, das seinerzeit am südlichen Ende Kyotos als Tempelfestung diente. Jetzt ist es eine Ruine. Nur mit Mühe bietet es vor dem Regen Schutz, der vom Himmel herunterprasselt und zum Redefluss wird, denn *Rashōmon* ist vor allem ein Werk über das Erzählen. Über das Erzählen einer Geschichte, deren Eindeutigkeit so verschwommen wie der Regen, deren Faktenlage so standfest wie das zerfallene Tor ist. Im Film berichten nämlich vier Figuren von einer Vergewaltigung und einem Mord, aber alle vier lügen oder erzählen ihre

14 Friedrich Georg Jünger, *Über das Komische*, Frankfurt a. M. 1948, S. 8 f.

eigene Wahrheit, und *Rashōmon* gibt diesen Lügengeschichten und Wahrheitsepisoden ein Gesicht in bewegten Bildern. Wir, das Publikum, sehen und hören das in Rückblenden. Mehr noch: Die Figuren blicken beim Erzählen teils direkt in die Kamera, als ob das Urteil über die Wahrhaftigkeit nicht bei den Herren des Obersten Gerichts, sondern bei uns läge. Aber auch wir werden diese Geschichte nie verstehen. »Wenn man sie versteht«, sagt ein Mönch zum Holzfäller, »wenn man sie versteht, würde man auch die Menschen verstehen.« Im Rauschen des Regens, am Fuße des Rashōmon-Tores, in den Ruinen des Tempels ist der Glaube an die eine Wahrheit längst verlorengegangen.

Gelogen wird auch in *La vita è bella* (*Das Leben ist schön*, 1997). Der Film ist neben einer speziellen Form des unzuverlässigen Erzählens vor allem ein Musterbeispiel für die doppelte Dramaturgie. Was muss man sich darunter vorstellen? Während der Episodenfilm viele Geschichten erzählt und das unzuverlässige Erzählen nur episodisch als wahr erscheint, beschränken sich einige Filme auf eine dramaturgisch eindeutig **zweigeteilte Geschichte**. Es finden zwei Rufe ins Abenteuer, zwei Höhepunkte statt, und zwar so, als ob der Film in der Mitte erneut begänne. Hitchcock hat diese Doppelstruktur in seinen beiden Klassikern *Vertigo* (1958) und *Psycho* (1960) angewandt. Einerseits ahmt er damit den Schwindel (lat.-engl. *vertigo*) dramaturgisch nach, denn nichts ist schwindelerregender als eine Verdoppelung. Andererseits schockiert er in *Psycho* das Publikum mit dem plötzlichen Ableben der Protagonistin. Die Dramaturgie in *Psycho*, die in der Filmmitte von neuem beginnt, ist so krank und seriell wie der Mörder Norman Bates (Anthony Perkins). Auch Kubrick erzählt in *Full Metal Jacket* (1987) doppelt, indem zunächst die menschenverachtende Ausbildung der Marines und anschließend deren menschliches

Versagen in Vietnam gezeigt wird. Das mutigste Beispiel für doppelte Dramaturgie ist aber der bereits erwähnte Film *La vita è bella*, weil der erste Teil eine romantische Komödie und der zweite die größte Tragödie der Menschheit darstellt. Das *Lexikon des Internationalen Films* urteilt folgerichtig: »Der als Loblied auf die Kraft der Fantasie und den menschlichen Über-Lebenswillen angelegte Film beginnt als beschwingte Romanze mit märchenhaften Untertönen und endet in einer bitter-absurden Tragödie, in der das Lachen zum schmerzhaften Reflex gefriert.« Während in der ersten Stunde der jüdische Italiener Guido (Roberto Benigni) seiner späteren Frau Dora (Nicoletta Braschi) liebevoll den Hof macht, wird er in der zweiten Stunde in ein Konzentrationslager deportiert. Dort bedient er sich der humorvollen Lügen, um seinen Sohn Giosuè (Giorgio Cantarini) von den Schrecken des Holocaust abzulenken. Diese doppelte Struktur irritiert, sie verunsichert das Publikum, weil es ein dramaturgischer Irrweg ist, der mit dem historischen korreliert: Nie verlief sich die Menschheit so extrem wie zu den Zeiten des Zweiten Weltkrieges. Aber wie bei jeder Irritation kann das Lachen eine (Er-)Lösung sein.

Man könnte all das oben Erläuterte auch unter dem Begriff des **non-linearen Erzählens** subsumieren, weil vom Filmgedicht bis zur doppelten Dramaturgie nie ein Erzählstrang konsequent verfolgt wird. Wir folgen keiner singulären Linie, keiner herkömmlichen Spannungskurve, keiner absoluten Wahrheit, sondern bewegen uns auf Abwegen durch die Dramaturgie. Hierzu gehören auch die **nichtchronologischen Erzählungen**. An ihnen lässt sich zudem der wichtige Unterschied zwischen Plot (Handlung) und Story (Geschichte) erklären. Beim Plot folgen wir dem **filmischen Ablauf**, der gezeigten Handlung, und zwar Schritt für Schritt, wie sie vom ersten bis zum letzten Bild auf der Leinwand erscheint. Der Anfang des Plots ist der Anfang des Films, das Ende des Plots ist das Ende des Films. Die Story hingegen ist die **chronologische Anordnung** des Gezeigten, also die zeitlich logische Entwicklung der Geschichte. *Pulp Fiction* ist auch hier Vorreiter, denn »es handelt sich um einen der ersten Filme überhaupt, die mit Zeitumstellungen arbeiten, die nicht durch Figuren motiviert sind«[15] Und so kehren wir zum Anfang des Kapitels zurück, um über eine nichtchronologische Erzählung sprechen zu können. Zur Veranschaulichung dessen dient die nebenstehende Tabelle (Abb. 4).

Michaela Krützen stellt hier exzellent dar, dass die Story von *Pulp Fiction* bereits 1972 beginnt, als der kleine Butch die goldene Uhr seiner Vorfahren erhält. Das ist aber nicht der Anfang des Films und auch nicht derjenige des Plots. Dieser startet mit der ersten Einstellung: Honey Bunny (Amanda Plummer) und Pumpkin (Tim Roth) sprechen über Gaunereien und machen sich auf, ein Restaurant zu überfallen (A). Am Schluss des Films kehren wir zu diesem Anfang zurück, indem der Raubüberfall und der Plot vollendet werden (H), aber das ist nicht das Ende der Story. Diese schließt in der Mitte des Films mit Butch, der auf seinem Chopper in die Freiheit fährt. Man sieht, wie virtuos Tarantino in *Pulp Fiction* mit dem Gefüge von Plot und Story jongliert und wie schmutzig er neben dem Erzählen auch die Zeit behandelt. Vergessen sollten wir nämlich nicht, mit welchen Worten Butch die goldene Uhr überreicht bekommt: »So wie dein Dad es sah, war diese Uhr dein Erbe. Er wollte verdammt sein, wenn irgendwelche Schlitzaugen nach dem Erbe seines Sohnes grapschen würden, also versteckte er sie an dem einzigen sicheren Ort, den er kannte – seinem Arsch.«

15 Michaela Krützen, *Dramaturgien des Films. Das etwas andere Hollywood*, Frankfurt a. M. 2010, S. 231.

Story
Die chronologische Anordnung

		Plotline 1	Plotline 2	Plotline 3	
1972				Butch erhält die Uhr seiner Vorfahren	E
Tag 1	07:00	Jules & Vincent holen den Geldkoffer von den jugendlichen Dieben zurück	(Jules & Vincent reden über Mia)		B
	Vor 10:00	Jules & Vincent erschießen einen Informanten und müssen mit Hilfe von Mr. Wolf die Leiche beseitigen			G
	Mittag	Honey Bunny & Pumpkin reden, kurz vor dem Überfall			A
	Mittag	Honey Bunny & Pumpkin setzen den Überfall fort und treffen auf Jules & Vincent; Abgang Jules' & Vincents			H
	Nachmittag	Jules & Vincent geben den Koffer für Marsellus ab	Vincent wird mit Mia ausgehen	Marsellus besticht Butch	C
Tag 2	Nachmittag bis Nacht		Vincent besorgt sich Drogen; Vincent & Mia gehen aus; Mia nimmt eine Überdosis und wird gerettet		D
Tag 3	Abend			Butch flieht nach dem gewonnenen Kampf zu Fabienne	F
Tag 4	Morgen bis Mittag	(Vincent wird erschossen)		Butch holt seine Uhr, erschießt Vincent, gerät mit Marsellus in Gefangenschaft, schafft die Befreiung; Abfahrt mit dem Chopper	

Plot
Der filmische Ablauf (A–H)

Abb. 4: Story/Plot von *Pulp Fiction* (1994). Nach: Michaela Krützen, *Dramaturgien des Films. Das etwas andere Hollywood*, Frankfurt a. M. 2010, S. 240

Infobox: Alternativen zum Dreiakter

Der gemeinsame Nenner all dieser Werke ist, dass sie sich der klassischen Dramaturgie, die sich durch und dank Hollywood in der Welt etabliert hat, verweigern. Man spricht deshalb vom **Independent-Film**, der sich sowohl produktionstechnisch als auch dramaturgisch vom Mainstream entfernt, unabhängig (engl. *independent*) sein will, um auf seine eigene, spezielle Art erzählen oder gar dichten zu können. Die Erscheinungsformen sind zahlreich und theoretisch unendlich (**Filmgedicht, Episodenfilm, unzuverlässiges Erzählen, doppelte Dramaturgie, non-lineares Erzählen** usw.). Diese Kunstfilme haben ein kleineres Publikum und sind trotzdem von größtem Wert, indem sie die Nischen des Mediums besetzen und damit die Filmkunst für alle erweitern.

2.4 Montage

Ein Gesichtsausdruck, ein Sarg. Derselbe Gesichtsausdruck, ein Teller Suppe. Nehmen wir einmal an, dass die Kommas in diesen Sätzen Schnitte sind und die elliptischen Teilsätze jeweils eine Einstellung, dann befinden wir uns in einem Filmexperiment von Lew Wladimirowitsch Kuleschow (1899–1970) und beim berühmten **Kuleschow-Effekt**. Nach dem sowjetischen Regisseur, der sich für die Verkettung der Fragmente und deren Wirkung interessierte, verändert sich das Einzelne im Kontext des Ganzen. Was ist damit gemeint? Alfred Hitchcock (1899–1980) erklärt es seinem Gesprächspartner François Truffaut (1932–1984) wie folgt: »[Kuleschow] zeigt eine Großaufnahme von Iwan Mosjoukine und lässt darauf die Einstellung von einem toten Baby folgen. In dem Gesicht Mosjoukines ist Mitleid zu lesen. Er nimmt die Einstellung des toten Babys weg und ersetzt sie durch ein Bild, das einen vollen Teller zeigt, und jetzt liest man aus derselben Großaufnahme Hunger.«[16] Die Einstellung des Gesichts, das Fragment, bleibt also jeweils dasselbe, aber im Kontext mit anderen Einstellungen verändert sich der Ausdruck. Das ist der Kuleschow-Effekt, und er führt die Macht der Montage (Filmschnitt) vor Augen.

Infobox: Montage

Montage, das ist eine Geschichte mit zwei **Traditionen** (**amerikanisch** vs. **europäisch**) und eine Arbeit in zwei Schritten: Zunächst wird der Film(streifen) geschnitten, früher tatsächlich mit der Schere, heute meistens im digitalen Schneideprogramm (engl. *cutting*). Hier wird alles überflüssig Gedrehte aussortiert, eben weggeschnitten. Danach folgt das Zusammenkleben bzw. Montieren der Schnittfragmente zu einem neuen Ganzen, zum Film an sich (engl. *editing*). Während die deutsche Übersetzung eher die technische Seite, das selektive Wegschneiden, beschreibt, steht der französische Begriff für die konstruktive Anordnung des Geschnittenen. Die Montage ist damit maßgeblich für die **zeitliche Struktur** des Films und für dessen **Rhythmus** (Schnittfrequenz) verantwortlich. Deshalb nennt der Filmkritiker André Bazin (1918–1958) in seinem Essay *Die Entwicklung der Filmsprache* (1955) die Montage auch die **Anordnung der Bilder in der Zeit**.

Es gibt eine schöne Anekdote, die zeigt, welche **strukturelle Kraft** in der Montage liegt. Die US-Kinofassung von *Once Upon a Time in America* (*Es war einmal in Amerika*, 1984) dauert 139 Minuten – und war ein filmisches Desaster. Sie erzählt die Geschichte um Noodles (Robert de Niro) und seine Gangs-

16 Alfred Hitchcock, zit. nach: François Truffaut, *Mr. Hitchcock, wie haben Sie das gemacht?*, München 2007, S. 211.

terkollegen in chronologisch richtiger Reihenfolge, was der italienische Kultregisseur Sergio Leone (1929–1989) so nie geplant hatte. In der Vision Leones sollte alles in Zeitsprüngen erzählt werden, kunstvoll verschachtelt, diskontinuierlich sein, weil die Zeit ein Leitmotiv des Films ist. Dem widersprach aber das Produktionsstudio und schnitt den Film für den amerikanischen Markt in Eigenregie um, während die Europäer die originale Langfassung serviert bekamen.

Interessant ist diesbezüglich die Analyse des Films durch die amerikanischen Kritiker Gene **Siskel** (1946–1999) und Roger **Ebert** (1942–2013), die 1984 beide Fassungen gesehen und besprochen haben. Siskel meint: »The short version is pretty much a lot of junk!« Im Klartext: Die US-Kinofassung ist Schrott! Ebert pflichtet dann seinem Kollegen bei und ergänzt, wie ironisch das Ganze sei, weil die lineare, scheinbar vereinfachte Struktur vollkommen verwirrend erscheine. »This movie has been destroyed«, ist sein vernichtendes Urteil; zerstört durch das Studio. Demgegenüber gilt die europäische Version mit ihren 229 verschachtelten Minuten als einer der besten Filme aller Zeiten. In Cannes, dem wichtigsten Filmfestival, erhielt dieses Werk 15-minütige Standing Ovations. Allein die Montage machte den Unterschied. Dass man den Europäern die Langfassung mit Zeitsprüngen und den Amerikanern nur eine chronologisch glattgebügelte zumutete, hat historische Gründe. Sie hängen mit den **Traditionen des Filmschnitts** und den Sehgewohnheiten des Publikums zusammen.

»Der Schnitt, der dem Film erst seine eigene Identität als Kunstform verleiht und ihn vom Theater und der Fotografie unterscheidet, wurde erstaunlich spät geboren. Erst um 1903, also acht Jahre nach der ersten öffentlichen Filmvorführung der Brüder Lumière, bildete sich eine Grammatik des neuen Mediums.«[17] Zwar experimentierte bereits um die Jahrtausendwende Georges Méliès mit der Montage, als wegweisend für das Schneiden gelten aber Edwin Porters *The Great Train Robbery* (1903) und natürlich die Filme von David Wark Griffith aus den 1910er Jahren.

Ab 1910 taucht folglich der Begriff Continuity auf, der für eine kontinuierliche, **kohärente Erzählweise** der Montage steht und seitdem insbesondere das amerikanische Kino (engl. *classical cut*), aber auch den internationalen Spielfilm dominiert. »Es ging vor allem darum, *flüssig* zu erzählen und ohne abrupte Sprünge filmische Raumanordnungen und Zeitverläufe zu konstruieren.«[18] Der Filmwissenschaftler Hans Beller hat dazu eine Grafik erstellt, die veranschaulicht, wie die Kamera platziert und wie geschnitten werden sollte, damit ein harmonisches Ganzes der Filmerzählung entsteht (vgl. Abb. 5).

Innerhalb des 180°-Bereiches (ABC) findet die **amerikanische Tradition der Montage** ihren Wirkungsort. Sie ist auf Illusion ausgerichtet, und zwar auf die Illusion homogener Erzählelemente, an denen sich das Publikum orientieren kann. Wenn zum Beispiel ein Gespräch zwischen zwei Figuren gefilmt werden soll, dann vertrauen die Amerikaner auf das Schuss-Gegenschuss-Schema (engl. *shot-reverse-shot*, SRS). Es zeigt die Gesprächspartner abwechslungsweise mit der Kamera B1 und C1, schießt zwischen diesen hin und her, teils über die Schultern hinweg (engl. *over-shoulder*), um den Blicken der Figuren zu folgen und eine logische Raumaufteilung zu festigen.

Auf der anderen Seite, jenseits der Handlungsachse und damit im Achsensprung-Bereich (XYZ), steht die **europäische Tradition der Montage**. Es ist der Ort, wo die filmische Illusi-

17 Gerhard Midding, »Rhythmus der Bilder, Chemie der Klänge. Walter Murch, Cutter und Sounddesigner«, in: *film bulletin* 5 (2015) S. 60.

18 Hans Beller (Hrsg.), *Handbuch der Filmmontage*, München 2005, S. 19.

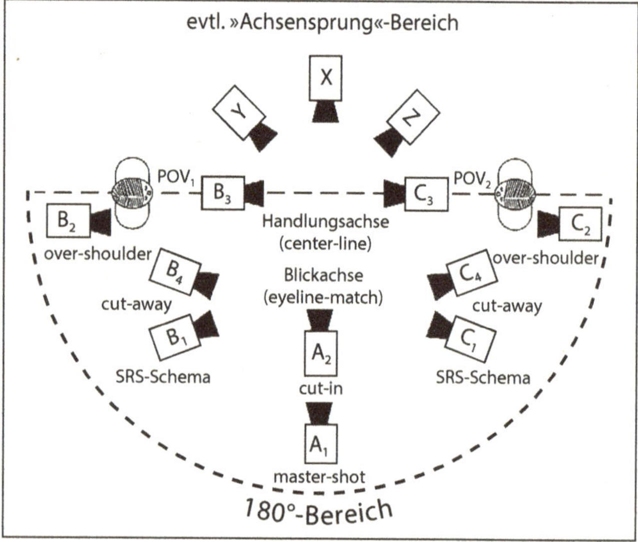

Abb. 5: Das Continuity-System. Nach: Hans Beller (Hrsg.), *Handbuch der Filmmontage*, München 2005, S. 16

on zerstört und deren Struktur offengelegt wird. Beim **Achsensprung** springt die Kamera über eine etablierte Achse, was beim Publikum zu Desorientierung führt, weil die Positionen im Raum vertauscht werden. Wenn unser obiges Gespräch zunächst mit der Kamera A1 räumlich etabliert (engl. *master/establishing-shot*) und danach mit der Kamera X weitergefilmt wird, dann springt die anfänglich links porträtierte Figur plötzlich nach rechts. Das ist irritierend. Hollywood vermeidet diese Illusionsbrüche. Das europäische Kino kokettiert damit.

Beiden Traditionen gemein ist aber das Wesentlichste der Filmsprache: Die **Einstellung**. Sie ist die Basis der narrativen Ebene. »Das, was sich in einem Film zwischen zwei Schnitten befindet, nennen wir eine *Einstellung*. Diese Einstellung setzt sich aus einzelnen Bildern zusammen, wovon in der Regel 24 pro Sekunde [...] benötigt werden. Ein Film besteht aus einer Kette von Einstellungen.«[19] Und diese Kette erweitert sich zu Szenen (Einheit der Raumzeit) und Sequenzen (Einheit der Handlung). Die Grobstruktur eines Films, der **kinematographische Bauplan** vom kleinsten bis zum größten Segment, gliedert sich demnach so: **Einstellung**, **Szene**, **Sequenz**, **Akt**, **Film**. Und für die Feinstruktur innerhalb dieser Segmente ist die Montage verantwortlich.

Während sie das Verhältnis aufeinanderfolgender Einstellungen (E1/E2) bestimmt, ist die Transition (oder Einstellungskonjunktion) die Art und Weise des Schnitts an sich, also der Stil des Übergangs von der Einstellung E1 zur Einstellung E2. Dabei können wir vier Arten unterscheiden: Der **harte Schnitt**, die **Überblendung**, die **Auf- und Abblende** und **Trickblenden**. Beim harten Schnitt (engl. *cut*), der als unsichtbar gilt, werden zwei Einstellungen nahtlos zusammengeschnitten, so dass der Eindruck einer kontinuierlichen Bildfolge entsteht. Im Gegensatz dazu bewirken die drei Blenden eine Diskontinuität, weil sie vom Publikum deutlich wahrgenommen werden und einen Wechsel markieren. Während die Überblende (engl. *dissolve*) eher weich, schwelgerisch, beinahe traumhaft wirkt, weil die eine Einstellung langsam in die nächste übergeht, ist der Übergang bei der Auf- und Abblende (engl. *fade in*, *fade out*) markanter. Meistens akzentuiert er durch das kurzzeitige Schwarzbild (engl. *fade to black*) deutlicher, dass eine Erzähleinheit abgeschlossen ist und etwas Neues beginnt. Aus der Mode gekommen sind die Trickblenden. Die beiden bekanntesten, die Irisblende (auch Kreisblende)

19 Knut Hickethier, *Film- und Fernsehanalyse*, Stuttgart 2012, S. 54.

und die Wischblende, werden heute fast nur noch nostalgisch eingesetzt, um an eine ältere Filmsprache zu erinnern. Ein Spezialfall der Transition ist die akustische Klammer (engl. *sound bridge*), wo der Ton einer Einstellung vorgezogen (oder nachgezogen) wird, um den visuellen Übergang auditiv zu glätten. Beispielsweise hören wir in *No Country for Old Men* (2007) das knarrende Geräusch eines in den Boden versenkten Sarges, bevor die nächste Einstellung die Bilder dazu liefert.

Zum Ende lohnt es sich noch, drei interessante Ausnahmen zu betrachten, die keinen Schnitt benötigen, um eine Montage zu sein. Es geht um die **Plansequenz**, den **inneren Schnitt** und die **innere Montage**. Paradigmatisch für Letzteres ist Orson Welles' *Citizen Kane* (1941). Bei der inneren Montage finden in der gesamten Tiefe des Bildes, das dank extremer **Tiefenschärfe** (engl. *deep focus*) gänzlich scharf erscheint, Handlungen statt, die in der Regel mittels verschiedener Einstellungen gedreht werden würden. Welles braucht dafür nur einen Bildraum bzw. schöpft er diesen vollumfänglich aus. Der innere Schnitt bewirkt dagegen durch die **Variation der Tiefenschärfe**, indem zwischen der Vorder- und Hintergrundschärfe des Bildes gewechselt wird, eine Art Schnitt innerhalb des Kaders – der Fokus der Einstellung wird wortwörtlich variiert. Beide Techniken haben die Filmsprache nachhaltig geprägt, so dass Orson Welles (1915–1985) nach David Wark Griffith als der zweite große Innovator gilt.

Obwohl auch *Citizen Kane* eindrückliche Plansequenzen beinhaltet, sei hier für die dritte Technik ein aktuelleres Beispiel betrachtet. Als der Soldat Robbie Turner (James McAvoy) im Film *Atonement* (*Abbitte*, 2007) über den Strand von Dünkirchen marschiert, vorbei an den eingekesselten Kameraden, der Verzweiflung des britischen Militärs, vorbei an den Gesichtern des Krieges und den Sorgen der Gestrandeten, unterbricht kein

Schnitt seinen Marsch. Es ist eine fünfminütige, hochaufwendige und in diesem Sinne durchgeplante Sequenz. Eine Plansequenz ist folglich eine längere Einstellung **ohne Schnittunterbrechung** und zeigt die logistische Meisterschaft der Filmkunst.

2.4.1 Die amerikanische Tradition

Seit den Städten des Wilden Westens (1860–1890), wo die illustre Fassade eines Saloons über den dahinterliegenden tristen Holzschuppen hinwegtäuschte, sind die Amerikaner die Meister der Illusion. Ihr Kino hat deshalb eskapistische Züge. Man entflieht für ein paar Stunden der Realität, um in den filmischen Welten eine alternative Wirklichkeit, eine neue Heimat zu finden. Um dies zu bewerkstelligen, haben sich im **klassischen Hollywood** (1930er Jahre) einige **Konventionen der Filmsprache** etabliert, die das populäre Kino bis heute fundamental prägen und die lückenlose Erzählkontinuität garantieren.

Am Beispiel von *The Silence of the Lambs* (*Das Schweigen der Lämmer*, 1991) sollen die wichtigsten **Continuity-Montagen** kurz thematisiert werden. In enger Verwandtschaft zum bereits erläuterten **Schuss-Gegenschuss** steht der Point-of-View-Shot (subjektive Kamera). Hier sehen wir zunächst das Gesicht einer angestrengt blickenden Figur, um in der nächsten Einstellung deren Blickpunkt (engl. *point of view*) einzunehmen. Die Montage suggeriert, dass wir durch die Augen der Figur schauen. Als zum Beispiel Clarice Starling (Jodie Foster) zu Beginn des Films die Zeitungen über den Frauen- und Serienmörder Buffalo Bill (Ted Levine) betrachtet, folgt die Montage den Augen der Figur und wechselt fortwährend in die **Egoperspektive**, so dass auch wir die grässlichen Schlagzeilen lesen können.

Eine andere Technik ist der Flashback (Rückblende), bei dem wir in die Vergangenheit, genauer in eine **Vorzeit der er-**

zählten Zeit blicken. In *Das Schweigen der Lämmer* wird dies jeweils mit einem **Match Cut** gediegen kombiniert. Ein Match Cut ist ein Schnitt in eine Bewegung, eine **Bewegungsmontage**, die in der einen Einstellung beginnt und über den Schnitt zur nächsten getragen wird. Die Bewegung bleibt kontinuierlich und das zentrale Bildelement oftmals bestehen, aber wir springen mit dem Schnitt durch Raum und Zeit. Im Film gibt es zwei Beispiele dazu. Als Clarice Starling nach dem ersten Zusammentreffen mit Dr. Hannibal Lecter (Anthony Hopkins) gedankenversunken die psychiatrische Anstalt verlässt und auf ihr Auto zugeht, schneidet der Film bei gleichbleibender Kamerabewegung, bei gleichbleibendem Gang der Figur plötzlich in die Vergangenheit derselben. Wir sehen auf einmal nicht mehr Jodie Foster, sondern eine Kinderschauspielerin (Masha Skorobogatov), die die junge Starling verkörpert. Auch sie geht auf ein Auto zu, und zwar auf dasjenige ihres Vaters, der so eng mit dem Kindheitstrauma der Heldin verflochten ist. Der zweite Flashback ist filmsprachlich identisch aufgebaut. Hier schreitet die ältere Starling auf einen Sarg zu, der durch die Montage plötzlich zu demjenigen des Vaters wird. In beiden Fällen haben wir ein gemeinsames Motiv (Auto, Sarg) und in beiden Fällen geht der Schnitt in eine figurale Bewegung, die von der nachfolgenden Einstellung aufgenommen wird. Dass dies zusätzlich mit dem Gehen in die Vergangenheit kombiniert wird, gehört zur ästhetischen Klasse des Films.

Die abschließende **Parallelmontage** (engl. *cross cutting*) in das *Das Schweigen der Lämmer* darf ebenso als meisterhaft bezeichnet werden, weil sie klandestiner Natur ist, sprich: Wir erkennen erst im Nachhinein deren verrückte Parallelität. Parallelmontage bedeutet grundsätzlich, dass **zwei Handlungsstränge**, die in separaten Räumen stattfinden, abwechselnd gezeigt werden. Das lässt beim Publikum den Eindruck entstehen, die

Stränge laufen parallel, also gleichzeitig zueinander ab. Wenn wir nun im dritten Akt von *Das Schweigen der Lämmer* sehen, wie das FBI ein Haus umstellt und zugleich der Frauen- und Serienmörder Buffalo Bill in seinem Keller umhertigert, dann gehen wir davon aus, dass dieser Keller zum umstellten Haus gehört. Gesteigert wird das Ganze noch beim Läuten der Glocke, weil bei jedem Druck auf die Klingel im Keller ein Alarm infernalisch losheult. Umso überraschter sind wird dann, als Bill die Haustüre öffnet. Es steht keine Horde (männlicher) FBI-Agenten davor, sondern Clarice Starling. Die Montage hat uns auf eine falsche Fährte geführt. In Wahrheit ist es Starling gewesen, die beim Frauenmörder auf die Klingel gedrückt hat, aber der Schnitt hat uns dies verheimlicht und eine falsche Parallelität generiert. Nicht nur Buffalo Bill spielt am Ende des Films mit der Heldin Katz und Maus, die Montage zieht das Publikum am Narrenseil durch die Erzählung und lässt uns über unsere Sehgewohnheiten stolpern. *Das Schweigen der Lämmer* ist ein Beispiel dafür, wie kreativ man sich innerhalb filmischer Regeln bewegen kann, selbst wenn sie sich der Kontinuität verpflichtet haben.

Karel Reisz und Gavin Millar schreiben dann in ihrem Standardwerk *Geschichte und Technik der Filmmontage* (1953) über die Continuity-Montagen zusammenfassend: »Ein flüssiger Schnitt heißt, zwei Einstellungen so zusammenzuschneiden, daß der Anschluß von einer Einstellung zur nächsten keine Unterbrechung erkennen läßt und dadurch die Illusion des Zuschauers, einen zusammenhängenden Teil einer Handlung zu sehen, erhalten bleibt.«[20] Der Film erzeugt damit eine **Wirklichkeitsillusion**, in die sich das Publikum unkritisch hineinträumen kann und wo die Realität vergessen wird.

20 Karel Reisz / Gavin Millar, *Geschichte und Technik der Filmmontage*, München 1988, S. 149.

2.4.2 Die europäische Tradition

Seit den revolutionären Tagen Russlands (1917), als die sowjetischen Filmpioniere (Eisenstein, Pudowkin, Kuleschow) die Kraft des Kinos erprobten, steht die europäische Montage in der **Tradition des Aufbruchs**. Sei es der deutsche Expressionismus (1920er), der spanische Surrealismus (1930er), der italienische Neorealismus (1940er) oder die französische Nouvelle Vague (1950er), stets wird das Konventionelle aufgebrochen. Es ist die Negation des (amerikanischen) Mainstream, eine Absage an jegliche Illusionskonzeption zugunsten eines neuen, libertären Bewusstseins. Das europäische Kino versteht sich damit als **Avantgarde**, die dem Herkömmlichen den Kampf ansagt, um filmisch befreit erzählen zu können. Bedenkt man zudem die geographische Ausdehnung Russlands und dass teils die Japaner (Kurosawa, Ozu), teils die Chinesen (Wong Kar-Wai, Zhang Yimou) zu eigentümlichen Erzählweisen tendieren, darf man auch von einer eurasischen Tradition sprechen. »There are a lot of [American films] in Hong Kong, but I try not to watch them«, sagt der Schnittmeister William Chang Suk Ping (u.a. *Chungking Express*, *In the Mood for Love*). »I always have this Chinese poetry in my head.«[21] Und diese chinesische Poesie, nicht die amerikanische Tradition, gebe ihm einen Rhythmus, ein Gefühl, eine Stimmung, zu der er schneiden könne.

Es liegt in der Natur dieses Ansatzes, dass eine allgemeine Theorie und ein fixes theoretisches Vokabular kaum auffindbar sind. Wenn zum Beispiel der Filmwissenschaftler Hans Beller versucht, die Montage in Luis Buñuels *Un chien andalou* (*Ein andalusischer Hund*, 1929) zu beschreiben, diese Montage mit

21 William Chang Suk Ping, zit. nach: Justin Chang, *Editing*, Waltham 2012, S. 123f.

dem famosen Rasierklingenschnitt durchs Ochsenauge, dem die Einstellung des Mondes vorangeht, der wiederum von einer Wolke messerscharf durchschnitten wird, kommt er zum resignativen Schluss: »Das macht auch die Raffinesse und den Schock dieser Sequenz aus, daß innerhalb einer harmlosen Schnitt-Konvention diese avantgardistische Attacke auf die Augen passiert. Dieses Beispiel mag noch einmal verdeutlichen, wie schwierig es ist, begriffliche Zuordnungen und systematische Klassifikationsversuche trennscharf festzuschreiben.«[22] Stärker als die Amerikaner sahen und sehen sich die europäischen Regisseure als **Auteurs** (Autorenfilmer), die ihren filmischen Werken wie der Autor eines Romans eine **persönliche Handschrift** verleihen können. Der Gedanke geht vor allem auf François Truffauts Artikel »Une certaine tendance du cinéma français« (»Eine gewisse Tendenz im französischen Film«, 1954) in den *Cahiers du cinéma* zurück. Darin plädiert Truffaut für ein neues Kino, in dem die Regisseure nicht nur ausführende Gewalt, sondern die maßgeblichen Schöpfer des filmischen Kunstwerks sein sollen. Als Vorbild wird unter anderem Luis Buñuel genannt.

Aufgrund dieser stark subjektiven Tendenz fällt eine objektive Nomenklatur schwer, obschon ein roter Faden auffindbar ist: Alle Filmemacher der europäischen Tradition zeigen einen stark **individuellen Stil**, der sich dem Konventionellen verwehrt. Wegweisend dafür ist Jean-Luc Godards *À bout de souffle* (*Außer Atem*; 1960). Aufgrund dieses Werks wird Godard nach David Wark Griffith und Orson Welles als der dritte (und bis heute letzte) große **Innovator der Filmsprache** angesehen. Im Begleitheft zur Arthaus Collection (DVD) lesen wir dazu: »Die Besonderheiten dieser neuen Filme waren der Einsatz

22 Beller (s. Anm. 18), S. 29.

leichter Handkameras, natürliches Licht, Originalschauplätze, moderne Erzählstile und Montagetechniken [...].«

Neben dem bereits erläuterten Achsensprung ist eine dieser Techniken der Jump Cut. Als der Ganove Michel (Jean-Paul Belmondo) in den ersten Minuten von *À bout de souffle* in einem geklauten Auto über die Landstraße fährt, wirken die Bildanschlüsse fehler-, gar amateurhaft. Auch beim Hantieren mit der Pistole rückt Michel abrupt im Kader umher, als ob einige Bilder der Einstellung fehlen würden. Godard missachtet hier bewusst eine Regel. Sie besagt, dass zwischen zwei Einstellungen, die dasselbe Bildmotiv porträtieren, die Kameraposition um mindestens 30° verändert werden muss, ansonsten scheint das Abgebildete unnatürlich zu springen (engl. *to jump*). Jump Cuts sind gewollte **Sprünge im Bilderfluss**, die man durch die Verletzung der 30°-Regel oder durch das Herausschneiden von Einzelbildern aus einer Einstellung erzeugen kann.

Damit verwandt ist der Short Cut. Als Michel einen Polizisten ermordet und flieht, sind die Schnitte so schnell angelegt, dass allein durch die Montage Hektik entsteht. Die hohe Schnittfrequenz, der massiv gesteigerte Rhythmus, ist etwas, das im heutigen Kino allgegenwärtig ist. Aber man sollte allen modernen Filmemachern diesbezüglich die Warnung von Karel Reisz und Gavin Millar in Erinnerung rufen: »Jedes Bild erzählt seine eigene Geschichte und muß deshalb für sich genommen werden. Das eine Bild vermittelt seinen Inhalt innerhalb kürzester Zeit, ein anderes benötigt länger. All das muß man in Betracht ziehen, damit ein erhöhtes Schnittempo am Ende nicht verwirrt.«[23] Man muss erkennen, wann eine Einstellung ihre Reife erreicht hat.

23 Reisz / Millar (s. Anm. 20), S. 162.

Godard war sich dessen bewusst und zerstört so in *À bout de souffle* auch den Schuss-Gegenschuss. Während Michel mit Patricia (Jean Seberg) durch Paris fährt und ein Gespräch führt, sehen wir nur Patricias Kopf, obwohl die Worte vorwiegend von Michel stammen. Wie zu Beginn des Films, als Michel direkt in die Kamera schaut und das Publikum anspricht, sogar beleidigt, gibt sich Godard auch beim Dialog als **Rebell der Filmsprache** zu erkennen. Und *À bout de souffle* ist sein Manifest. Wenn die Montage gemäß dem Ästhetiker Béla Balázs (1884–1949) »der lebendige Atem des Films«[24] ist, dann entspricht der Titel von Godards Werk seiner Filmsprache, die so atemlos wie der Schnitt, so unstet wie der Protagonist ist.

Die Beispiele der Rebellion lassen sich endlos erweitern. Denn es gibt so viele Montagetechniken und Begriffe wie es innovative Regisseurinnen und Regisseure gibt. Ob nun Pudowkin in seiner Kontrastmontage über antithetische bzw. dialektische Wirkungen philosophiert, weil zwei **gegensätzliche Einstellungen** aufeinanderprallen, oder Eisenstein ein vergleichbares Prinzip zur **intellektuellen Montage** erklärt, etwas bleibt in der europäischen Tradition trotzdem konstant: »Die Montage beruht in allen diesen Fällen auf der Kombination heterogenen Bildmaterials. Sie ist charakterisiert durch Diskontinuität, durch Alternation, durch Bruch und Kollision, durch gezielte Eingriffe in den Fluss der Bilder [...].«[25] Der Film gibt dadurch seine Konstruktion preis; er ist **anti-illusorisch** und regt zum Nachdenken über die Wirklichkeit an.

24 Béla Balázs, *Der Geist des Films*, Frankfurt a. M. 1930, S. 42.
25 Beil / Kühnel / Neuhaus (s. Anm. 3), S. 143.

Merkbox: Analyse des Narrativen

Bei der narrativen Ebene (Erzählung) müssen folgende Aspekte des filmischen Textes analysiert werden:

- **Dramaturgie:** Entspricht der Plot der klassisch-aristotelischen Dramaturgie oder bedient er sich einer Alternative zum Dreiakter?
- **Erzählelemente:** Wie werden die Figuren eingeführt und wie entwickeln sie sich? Was ist der zentrale Konflikt des Films (Handlung)? Wo, wann und wie lange spielt die Story (Raumzeit)?
- **Montage:** Steht der Filmschnitt in einer amerikanischen oder europäischen Tradition?

3 Analyse des Visuellen

3.1 Allgemeine Gedanken

Eine Barke gleitet langsam in den Hafen der Trauerzypressen. Ihr Ruderer, womöglich ein schwarzer Sklave, der eine Passagier eingehüllt in Leichentüchern, der andere im weißen Sarg. Das Ziel: *Die Toteninsel* (1880). Dies ist die Szenerie von Arnold Böcklins somnambulem Gemälde, dessen Motiv viele faszinierte und der Schweizer Künstler in mehreren Versionen variierte. Eine davon hing im Berghof, dann in der Berliner Reichskanzlei. Der Besitzer: Adolf Hitler (1889–1945). Eine andere, die Urversion, hängt im Kunstmuseum Basel.

Abb. 6: Arnold Böcklin, *Die Toteninsel* (Erste Fassung, 1880), Öl auf Leinwand. Kunstmuseum Basel

Dort hat sie höchstwahrscheinlich ein weiterer Schweizer Künstler studiert, der die **Synthese von Kunst und Film** mustergültig repräsentiert. Es ist Hans Rudolf Giger (1940–2014). Giger kopierte das Gemälde in der *Hommage à Böcklin* mit seinem Stil und machte aus der Insel ein sexualisiertes, biomechanisches Monstrum. Das geschah im Jahr 1977, zwei Jahre später erscheint Ridley Scotts *Alien* (1979). Der Rest ist Filmgeschichte. Ursprünglich als *Starbeast* bezeichnet, avanciert der von Giger kreierte Xenomorph zum furchteinflößendsten Wesen, das jemals die Leinwände betrat. Aus seinem kunstvollen Puppenstand entwachsen, hat das Alien im Kino seine Heimat gefunden. Viele Jahre später treffen sich die Motive Gigers und Böcklins nämlich erneut bei Ridley Scott, und zwar in dessen Prequel *Alien: Covenant* (2017). Im Film erschafft nicht Giger, sondern der Androide David (Michael Fassbender), der sich seinen Namen von Michelangelos florentinischer Marmorstatue leiht, die Xenomorphe. Die Behausung des Androiden ist dabei ein alter Tempel, dessen Friedhof einige Trauerzypressen beheimatet. Es ist eine weitere Hommage an Böcklin und die filmische Wiedervereinigung der beiden Schweizer.

Neben dieser Nachahmung finden einige Gemälde auch direkten Eingang in die Filme, so geschehen bei Lars von Triers *Melancholia* (2011) und beim Science-Fiction-Klassiker Солярис (*Solaris*, 1972) von Andrej Tarkowski. In beiden Filmen übernimmt Pieter Bruegels *Die Jäger im Schnee* (1565) eine zentrale Rolle, denn die Kälte des Bildes widerspiegelt in beiden Filmen die Melancholie des Kosmos und die Einsamkeit der Menschen im Weltall. Trier geht sogar so weit, dass er seiner Geschichte einen zusammenfassenden Bildprolog, eine Art Sammlung von Zeitlupen-Gemälden, voranstellt, um den Totentanz und die Kollision seiner Planeten in Bilder zu fassen. All diese Bei-

Abb. 7: Hommage à Böcklin und Giger in *Alien: Covenant* (2017; 1:04:52)

spiele zeigen auf, wie stark die visuelle Ebene von den **bildenden Künsten** lebt, selbst wenn die Motive tödlich sind.

Eine andere Gemeinsamkeit ist unauffälliger, obschon sie den Bildraum begrenzt: Es ist der **Rahmen**. Fast alle Gemälde hängen in einem Rahmen und trennen die Kunst vom Nicht-Kunstvollen, Allgemeinen, vom Herkömmlichen, das auch ohne unsere Interpretation zu uns käme. Der Literaturwissenschaftler Juri Lotman (1922–1993) schreibt dazu: »Der Rahmen eines Gemäldes, die Rampe der Bühne, die Grenze der Filmleinwand bilden die Grenzen der künstlerischen Welt, die in ihrer Universalität in sich abgeschlossen ist.«[26] Wie beim Blick aufs Gemälde ist derjenige auf die Leinwand begrenzt, doch die Wand scheint ein Fensterglas zu sein, durch das wir teilhaben an einer kunstvollen, fiktiven Welt. Das ist die **Diegese**, die **erzählte Welt** oder im Falle von Marvels Comicverfilmungen sogar ein gesamtes ki-

26 Jurij M. Lotman, *Die Struktur literarischer Texte*, München 1993, S. 301.

nematisches Universum (Marvel Cinematic Universe). In unserer Welt gibt es keinen *Iron Man*, keinen *Black Panther*, keine *Scarlet Witch*. Aber die Leinwand gewährt uns Bilder aus deren Universum. In der Filmsprache wird dieser betrachtete Bildausschnitt, also das Fensterglas, **Kader** (engl. *frame*) und der Fensterrahmen bzw. die Bildbegrenzung an sich **Kadrierung** (engl. *framing*) genannt. Die Filmwelt ist folglich eine Scheibe, ein flaches erzähltes Universum. Alles, was vor der Kamera bewerkstelligt wird, der Szenenaufbau und die räumliche Organisation aller Erzählelemente, mag dreidimensional sein, aber was mit der Kamera dann eingefangen wird, ist zweidimensional. Im Unterschied zum Gemälde oder der Fotografie kann sich die kadrierte Welt aber bewegen, denn der Film fügt dem flachen Raum die Dimension der Zeit hinzu, weil durch die **kinematographische Illusion** Zeit-Kunst entsteht.

Was muss man sich darunter vorstellen? Aus der Etymologie erfahren wir, dass der Begriff vom französischen *cinématographe* entliehen ist, da die ersten Filme bekanntlich aus dem gleichnamigen Projektorkasten der Gebrüder Lumière flimmerten. Wie bei vielen Fremdwörtern reichen die Wurzeln indes bis ins Griechische zurück: *kínema* (Bewegung) und *gráphein* (schreiben/aufzeichnen). Somit darf man Kinematographie als bewegte Aufzeichnung oder als **bewegtes Bild** (engl. *motion picture*) übersetzen. Diese Definition ist aber leicht missverständlich – das Bild an sich bewegt sich ja nicht. Die Bewegung ist vielmehr das Ergebnis einer Illusion, die damit erschwindelt wird, dass einzelne, sich minimal unterscheidende Bilder in rascher Reihenfolge gezeigt werden, um so den Film sprichwörtlich zum Laufen zu bringen. Es ist das Prinzip des Daumenkinos.

Obwohl der Film technisch gesehen auf dem einzelnen Bild basiert, besteht sein Wesen immer aus mehreren Bildern, die sich mit der Zeit zur Einstellung fügen. Das macht die visuelle

Abb. 8: Filmstreifen aus Charlie Chaplins *City Lights* (1931)

Ebene zur absolut wesentlichen. Ohne sie hätten wir keinen Film. Es wäre ein Gemälde ohne Fensterblick, ein leerer Rahmen in der Kunstgalerie. Wie in der liebenswerten Sitcom *Friends* (1994–2004), oder genauer: wie an der Türe von Monicas Apartment würden wir durch einen Rahmen schauen, der kein Bild in sich trüge, aber damit übersähe man die filmische Kunst.

3.2 Vor der Kamera: Mise en Scène

Am 13. März 1995 unterzeichnen die beiden dänischen Regisseure Lars von Trier und Thomas Vinterberg ein Manifest, das als **Dogma 95** in die Filmgeschichte eingehen wird. Im Geiste der französischen **Nouvelle Vague** und dessen amerikanischem Pendant, dem **New Hollywood**, legen die beiden Dänen ein filmisches Keuschheitsgelübde ab, das sie zurück zu den Ursprüngen und einer reinen oder gereinigten Filmsprache führen sollte. Das humoristisch zu verstehende Manifest enthält dabei zehn Regeln, deren erste lautet: »Shooting must be done on location. Props and sets must not be brought in [...].« Es muss also an Originalschauplätzen gedreht werden, Requisiten und Filmsets dürfen nicht herbeigebracht oder aufgebaut werden. Die vierte Regel schreibt dann vor: »The film must be in colour. Special lighting is not acceptable [...].« Der Film muss farbig sein, künstliche Beleuchtung ist inakzeptabel.

Betrachten wir unter dieser entsagungsvollen Voraussetzung Vinterbergs *Festen* (*Das Fest*, 1998), den ersten Dogma-Film, dann fällt auf, dass sich der Regisseur an beide Regeln sklavisch hält. Die gesamte Geschichte spielt an Originalschauplätzen, insbesondere in Schloss Skjoldenæsholm (Dänemark), das sowohl im Film als auch in Realität als Hotel dient. Nichts wurde aufgebaut, alles war bereits vorhanden. Für den Laien auffälliger ist aber die außergewöhnliche Beleuchtung, die auf den ersten Blick amateurhaft wirkt, weil sie sich auf natürliches oder im Hotel bereits vorhandenes Licht beschränkt, aber in Wahrheit von hoher Filmkunst zeugt. Der mexikanische Regisseur Alejandro González Iñárritu hat sich diesem Dogma in seinem auch dafür gefeierten Film *The Revenant* (2015) ebenfalls verschrieben und nur natürliches Licht eingesetzt.

Was hat das alles mit der **Mise en Scène** zu tun? Vieles, denn Setting und Beleuchtung sind Teile derselben. Und das Jahr 1995 wurde nicht per Zufall gewählt. Die dänischen Dogmatiker wünschten sich zum 100. Geburtstag des Mediums eine Verbannung illusionärer (amerikanischer) Schattenspielereien und die Rückkehr der Realität ins Lichtspielhaus. Es ist nicht nur ein Rückgriff auf die Geburtsstunde des Films, sondern auch ein Bekenntnis zum Ursprung des Begriffs.

Infobox: Mise en Scène

Die *skené* (Hütte) war im antiken Theater eine hölzerne Konstruktion, die unter anderem das Bühnenbild trug und die Umkleideräume der Schauspieler beherbergte. Ähnlich funktioniert die filmische Inszenierung, die **Mise en Scène** (In-Szene-Setzen), wenn sie all das beinhaltet, was auf der Bühne bzw. vor der Kamera bewerkstelligt und geleistet werden kann: **Setting** (Szenenbild, *on location*, Requisiten), **Lichtdramaturgie** (Menge, Richtung, Quelle), **Farbdramaturgie** (Wechsel, Symbolik, Dimensionen), dazu das **Schauspiel** (Mimik, Gestik, Körpersprache), die damit verknüpften **Kostüme** und das **Make-up**.

Weder die alten Griechen noch Vinterberg oder Iñárritu benötige gigantische Bühnenbilder oder elaborierte Beleuchtungseffekte, um eine Geschichte visuell intensiv erzählen zu können. Das Können liegt vielmehr im geschickten Einsatz der natürlichen Umgebung, im Auge fürs Wesentliche. Trotzdem halten sich die meisten modernen Filmproduktionen nicht an *Dogma 95*, ja selbst die Dogmatiker sündigen des Öfteren und bekennen dies im Abspann ihrer Filme jeweils reumütig. Das ist aber nicht weiter schlimm. Allein das Bekenntnis, allein das sich Erinnern an einfachere Zeiten kann für die Mise en Scène der Zukunft fruchtbar sein.

3.2.1 Setting

»Gentlemen, you can't fight in here! This is the *War Room*!« Im Kriegsraum darf also nicht gekämpft werden? Ein bitterböses Zitat aus einer Schwarzen Komödie. Die Rede ist von Stanley

Abb. 9: Illustration zum »War Room«, in: *Bigger than life. Ken Adam's Film Design*, Bielefeld: Kerber, 2014, S. 189. – © Deutsche Kinemathek – Ken Adam Archiv

Kubricks *Dr. Strangelove or: How I Learned to Stop Worrying and Love the Bomb* (*Dr. Seltsam oder: Wie ich lernte, die Bombe zu lieben*, 1964). Bereits der opulente Titel kündigt an, dass wir uns im komischen Bereich befinden, aber für einmal interessiert weniger das Gesagte, sondern vielmehr das Gezeigte. Neben dem Wortwitz ist der Film für seine Szenenbilder, insbesondere dasjenige zum »War Room«, berühmt.

Als Ronald Reagan (1911–2004) zum 40. Präsidenten der USA gewählt wurde, soll er beim Amtsantritt gesagt haben, man möge ihm doch bitte den »War Room« zeigen. Zu Reagans großer Enttäuschung stellte sich heraus, dass dieser Raum nur im Film existierte. Die Anekdote veranschaulicht aber schön, was die **basale Funktion** des Szenenbildes ist: die **Konstruktion von Realität**. Egal, ob in einem fantastischen oder realistischen Film, das Szenenbild sollte im Kontext der Geschichte echt wirken, damit das Publikum die dargestellte, erzählte Welt (Diegese) als eine tatsächliche wahrnimmt.

Der populärste aller Filmarchitekten ist Ken Adam (1921–2016), Schöpfer von Kubricks »War Room«. Zum realistischen Primat des Bühnenbildes lässt er sich wie folgt zitieren: »Ein Entwurf, der nur die Realität reproduziert, ist es nicht wert, ausgeführt zu werden. Man fängt Realität nicht ein, indem man sie kopiert, sondern indem man sie gerade nicht kopiert.«[27] Bis ins Extrem hat Adam diesen Ansatz in seinen Bauten des Bösen verwirklicht. Weltbekannt wurde der Berliner für die herrlich gigantomanischen Verstecke der Bondbösewichte, die sich von Dr. Nos Vogelspinnenzimmer über Blofelds japanische Vulkanbasis bis hin zur Moonraker-Raumstation des Hugo Drax erstrecken. In der Realität könnte davon fast nichts existieren, im Film wirkt aber alles glaubwürdig.

Für die realistische Verankerung der Fiktion ist natürlich nicht nur das Szenenbild verantwortlich. Es besteht auch die Möglichkeit, dass die Aufnahmen ***on location,*** also an realen **Drehorten** und nicht in der Kulissenwelt des Filmstudios getätigt werden. Mit diesen beiden Methoden, Szenenbild und Drehort, entsteht filmtechnisch das fiktive **Setting**: Der **Schauplatz** (Raum der Handlung). In beiden Fällen ist die Konstruktion von Realität indes nur das funktionale Fundament, die diegetische Grundlage, auf der zwei weitere Funktionen aufbauen: Der Raum als Widerspiegelung der Figuren **(Charakterwelt)** und der Raum als Erzeuger von Atmosphäre **(Stimmungswelt)**. Filmische Räume liefern folglich die physikalische Basis, damit die Figuren sich in einer Diegese bewegen können, repräsentieren aber zugleich innere und äußere Welten, denn ihr Kosmos ist figural-topographisch.

27 Ken Adam, zit. nach: Michael Klant / Raphael Spielmann, *Grundkurs Film 1*, Braunschweig 2016, S. 83.

Selbst abseits der Fiktion ist das zu spüren. Wenn wir unser Kinderzimmer betrachten, die persönliche Stube analysieren, wenn wir die eigene Wohnung abzeichnen, dann porträtieren wir auch immer uns selbst. Die Bücher, die im Regal stehen, die Videospiele unter dem Fernseher, die Bilder an der Wand oder die Unordnung im Kleiderschrank; all das sind Fragmente unseres Ichs. Wir haben uns ein persönliches Nest gebaut. Der Raum, das sind wir. Auf der anderen Seite gibt es Räume, die uns fernliegen, in denen wir uns unbehaglich und fremd fühlen: Das bleichgetünchte Wartezimmer in der Zahnarztpraxis, die überfüllten Waggons der laut ratternden U-Bahn, die unheimliche Stille im Mittelschiff des Doms. Was hier für die Realität gilt, ist auch für den Film und dessen Interpretation zentral.

Betrachten wir in diesem Sinne den »War Room« genauer, dann zeigt sich, dass er neben der konstruktivistischen Wirkung sowohl den Charakter der Figuren reflektiert als auch die Stimmung des Kalten Krieges einfängt. An dieser Tafelrunde sitzen nämlich keine mittelalterlichen Ritter, deren *âventiure* (mhd., Abenteuer) auf edle Reisen führt. Der Tisch ist mit zwielichtigen Figuren bevölkert, und ihre einzige Größe ist das eigene Ego, welches sich mit den gigantischen Ausmaßen des Sets paart: 40 Meter lang, 30 Meter breit, 10 Meter hoch – hinzu kommt der Tisch mit 7 Metern Durchmesser. Dass Figuren, deren sprechende Namen alle auf den männlichen Sexualtrieb verweisen (z. B. Präsident Muffley, Botschafter DeSadesky), sich gerne um einen derartigen Tisch gruppieren und daran messen wollen, kann nicht verwundern. Allein die Größe gibt diesen Männern ihre Potenz. »Der runde Tisch suggeriert Handlungs- und Kontrollfähigkeit. Er wird jedoch von der Raumarchitektur konterkariert und zum Spieltisch degradiert, an dem Krieg gespielt wird.«[28]

28 Susanne Kaul / Jean-Pierre Palmier, *Stanley Kubrick*, München 2010, S. 39.

Aus dem Making-of der 40th Anniversary Edition (DVD) erfahren wir sogar, dass Kubrick, obwohl der Film in Schwarzweiß gedreht wurde, den Tisch grün bemalt haben wollte, um das Gefühl einer Pokerpartie zu vermitteln. Der Einsatz ist die Welt. Des Weiteren wird das Prinzip der Tafelrunde, die bei König Artus keine Hierarchie erkennen lassen sollte, ad absurdum geführt, indem nicht die Macht aufgeteilt, sondern geteilte Machtlosigkeit zelebriert wird. Das einmal in Bewegung gesetzte Weltgeschehen übersteigt die Handlungsfähigkeit dieser impotenten Machtzentrale um ein Vielfaches. So hängen die Weltkarten des Sets wie Damoklesschwerter über den Köpfen der Protagonisten, und die Dunkelheit des Raumes zeugt nicht von Welt- oder Weitsicht. Wie der B-52-Bomber von Major Kong (Slim Pickens) befinden sich die Figuren vielmehr auf einem Blindflug ins Verderben, was aber der kranken Logik des Kalten Krieges entspricht. Die Doktrin der nuklearen Abschreckung führt im Ernstfall zur wechselseitigen Zerstörung. Es ist somit eine merkwürdige Liebe, die in diesem »War Room« ausgelebt wird – es ist die Liebe zur destruktiven Kraft des Mannes.

Dass diese schwarze Komödie in einem dunklen Raum stattfindet, ist kein Zufall, weil die Räume Genres definieren können. Im Making-of zu *Dr. Strangelove* erklärt der Filmkritiker Alexander Walker (1930–2003): Erhält eine Figur die Nachricht der drohenden nuklearen Vernichtung in ihrem Büro, dann sei es eine Dokumentation. Befindet sie sich im Wohnzimmer, dann entspreche der Film einem sozialen Drama. In *Dr. Strangelove* sitzt General Turgidson (George C. Scott) auf dem Klo, deshalb ist es eine Komödie. Die Toilette ist eben nicht der Ort für die wichtigsten Geschäfte, und so schafft die Szene das, woraus alles Komische entspringt: einen Kontrast.

Dass Filmgenres zu bestimmten Räumen neigen, steckt bereits im Namen des Begriffs Genre. Er ist mit der Genesis, der

Weltschöpfung, verwoben, und so generieren oftmals die Räume an sich die gesamte Stimmung einer Geschichte. Ein Liebesfilm findet selten in einer verlassenen Waldhütte statt, während der Horrorfilm genau diese Einöde bevorzugt, um ins Innerste der Figuren (und des Publikums) vordringen zu können. Die Begrenzung der äußeren Welt sperrt die innere auf. Im Umkehrschluss dazu braucht der Western die Weite der Prärie, um die Wildheit atmen zu können, und der Thriller liebt die Stadt als Handlungsort, weil kein Raum so unübersichtlich ist wie der urbane. Die Analyse des Settings muss daher immer als ein Erzählelement gedacht werden, um zu einer sinnvollen Interpretation zu kommen; das gilt auch für die Requisiten.

Im Unterschied zum Szenenbild oder zu den Bauten realer Drehorte sind **Requisiten** (engl. *props*) **bewegliche Gegenstände**, die klein sein mögen, aber eine große Rolle bei der Ausstattung eines Films spielen.

Eines der größten Requisiten ist das Auto, und eines der beliebtesten Autos ist der DeLorean DMC-12 aus *Back to the Future* (*Zurück in die Zukunft*, 1985). Neben Bonds Aston Martin DB5 und dem Batmobil nimmt die motorisierte Zeitmaschine von Doc Brown (Christopher Lloyd) einen besonderen Platz in der Gunst des Publikums ein. Aus den 1980er Jahren stammend, fährt es heute noch immer über die Leinwände, und zwar in *Ready Player One* (2018). Was ist die Faszination an diesem Requisit?

Auf die ungläubige Frage von Marty McFly (Michael J. Fox), ob Doc Brown tatsächlich eine Zeitmaschine aus einem DeLorean gebaut habe, antwortet dieser: »Tja, ich sehe das so, wenn man schon eine Zeitmaschine in einen Wagen einbaut, dann ein bisschen mit Stil!« Das Auto hat Stil, oder anders formuliert: Es hat Charakter. Dean Cundey, der Kameramann von *Back to the Future*, sagt im Making-of des Trilogie-Boxsets

Abb. 10: Der Delorean, DMC-12 aus Back to the Future. – Wikimedia commons, CC BY–SA 4,0

(DVD), die Zeitmaschine sei ein Sprössling, ein Ableger von Doc Browns Charakter. Damit ist der DeLorean ein zum Auto gewordener *mad scientist*, der verrückte Professor auf vier Rädern. Der Fluxkompensator fluxt, die Flügeltüren schwingen Kinnhaken, der nukleare Antrieb wird am Ende einem Mr. Fusion weichen, der seine Energie aus Abfällen tankt. Im Amerikanischen gibt es den Ausdruck *lightning in a bottle* (Blitz in einer Flasche), der für einen Moment einmaliger kreativer Brillanz steht. Die Zeitmaschine verkörpert diesen Spruch. Nicht nur reist der DeLorean beim Höhepunkt des Films durch einen Blitz in die Zukunft zurück, das Design an sich ist elektrisierend. Es ist diese Verrücktheit, das Ungewöhnliche im Detail, das die Zeiten überdauert und folglich durch die Zeit reisen kann. Ein interessantes Requisit sollte demnach nicht nur ein Gebrauchsgegenstand sein. Wie die Filmarchitektur muss es etwas über die Geschichte und deren Figuren erzählen, es muss zu einem Erzählelement werden.

3.2.2 Licht-/Farbdramaturgie

»Vor die real gebaute Raumarchitektur schiebt sich die Architektur des Lichts. Sie verändert und modifiziert den gebauten und realen Raum.«[29] Knut Hickethiers erhellendes Zitat fasst in aller Kürze zusammen, welch tragende Rolle das Licht beim Szenenbild (gebauter Raum) oder *on location* (realer Raum) spielt. Denn das Lichtspielhaus trägt seinen Namen nicht nur der Projektion wegen, nicht nur weil Filme im Kino auf die Leinwand projiziert werden, im Namen steckt auch eine generative Kraft. Sie modifiziert, ja generiert sogar den Raum. Weil in der Dunkelheit alle räumlichen Dimensionen auf ein schwar-

29 Hickethier (s. Anm. 19), S. 77.

zes Bild reduziert werden, entsteht erst mit dem Licht das Spielhaus. Mit ihm fächert sich wie bei einem Prisma alles auf, und eine kunstvolle Welt wird sichtbar. Es darf auch als historische Kuriosität hinzugefügt werden, dass die Erfinder des Films tatsächlich Lumière (Licht) hießen.

Betrachten wir die Lichtdramaturgie, also das Erzählen durch die Beleuchtung genauer, dann gibt es drei wichtige Analysefelder: **Menge** (High Key, Normalstil, Low Key), **Richtung** (Vorderlicht, Gegenlicht, Seitenlicht, Oberlicht, Unterlicht) und **Quelle** (natürlich, künstlich). Arrangiert wird das alles von den Kameraleuten (engl. *directors of photography*), den Lichtmeistern.

Ob die Lichtquellen im Film **natürlich** oder **künstlich** sind, ist die erste Frage, die sich ein Kameramann oder eine Kamerafrau stellt. Beim Natürlichen setzt man auf bereits vorhandene Lichtquellen, die Teil der erzählten Welt sind. Das ist vor allem die Sonne, daneben aber auch elektrisches Licht, Feuer, Blitze usw. Sobald Lampen aufgestellt werden, um die Mise en Scène zu beleuchten, und das ist bei den meisten Filmen der Fall, sprechen wir vom Kunstlicht. Während natürliche Quellen einen **dokumentarischen**, realistischen Ansatz verfolgen, wird das Kunstlicht **expressiv** und dramaturgisch eingesetzt. Beim Ersten wollen die Filmemacher den Anschein erwecken, direkt und ungeschönt ins Leben hineinzugreifen, beim Zweiten wird das Leben kunstvoll modifiziert und ins rechte Licht gerückt.

In der Regel werden für jede Art der **künstlichen Beleuchtung** mindestens drei Lampen benötigt, die aus drei unterschiedlichen Richtungen leuchten. Man nennt das Three-Point Lighting. Das **Hauptlicht** (Key Light) scheint frontal-diagonal auf die Schauspielerinnen und Schauspieler, während das **Fülllicht** (Fill Light) nahe der Kamera platziert ist, um die durch das Hauptlicht entstandenen Schatten zu minimieren. Und damit sich der Kopf der Figuren vom Hintergrund abhebt, steht hinter den Schauspielerinnen und Schauspielern ebenfalls eine Lampe: das **Spitzlicht** (Back Light). Es kreiert eine Art Lichtaurora um das Haar, ein cineastischer Heiligenschein. Das sagen die Lehrbücher. »Nun«, fragt dagegen der Kameramann Roger Deakins, »wie viele Gemälde von Rembrandt haben mehr als ein natürliches, weiches Licht? Grundsätzlich sind sie mit Nordlicht beleuchtet, das durch ein großes Studiofenster einfällt. Das ist alles! Kein Seitenlicht. Kein Gegenlicht. Ich sage nicht, dass man die Lehrbücher wegwerfen soll, aber ich glaube, dass jede Situation ein anderes Aussehen verlangt.«[30] Jede Theorie wird folglich in der Praxis relativiert, trotzdem hat sie ihren Wert für die Analyse.

Je nach **Lichtmenge** verändert sich die Intensität oder gar der Einsatz der einzelnen Lampen. Beim **High-Key-Stil** ist ein äußerst schwacher Kontrast, also eine maximale Ausleuchtung der Szene wahrnehmbar, indem alle Lichter gleich hell strahlen und für einen hohen, weichen Beleuchtungsgrad sorgen. Die Wirkung ist hier augenscheinlich: Aufgrund der vollständigen Ausleuchtung kommt ein Gefühl der **Klarheit**, Freundlichkeit und Zuversicht auf, weil alles sichtbar ist.

Das Gegenteil davon ist der **Low-Key-Stil**. Hier herrschen die Schatten und schroffe Hell-Dunkel-Kontraste, denn nicht alle Lampen brennen gleich stark. Insbesondere das Fülllicht kann fehlen. Im Extremfall wirft sogar nur ein punktueller Scheinwerfer (Spotlight) das Licht, was zu markanten Schattenwürfen führt. Die Wirkung ist einleuchtend: Wenn die Schatten schärfer und schwärzer gezeichnet werden, wenn die

30 Roger Deakins, zit. nach: Peter Ettedgui, *Filmkünste: Kamera*, Reinbek b. Hamburg 2000, S. 158.

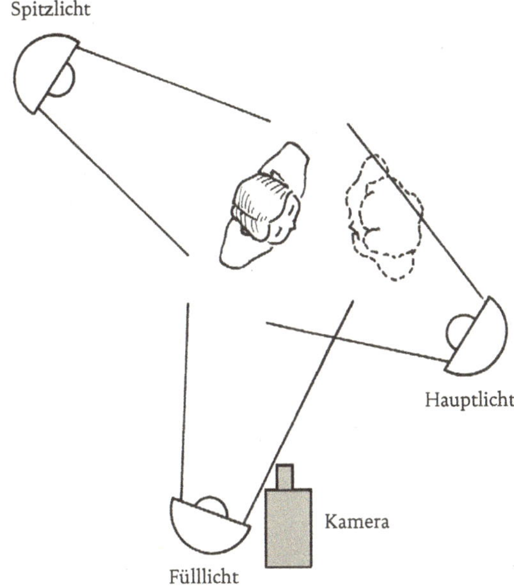

Abb. 11: Das Three-Point Lighting. Nach: David Bordwell / Kristin Thompson, *Film Art. An Introduction*, New York 2010

Dunkelheit regiert, dann sind wir im Bereich des Unheimlichen, der Verbrechen und der harten Realität.

Aus obigen Theorien wird ersichtlich, dass für die Analyse der Lichtrichtungen vor allem der Low-Key-Stil in Frage kommt, weil bei ihm die Lichtkegel zu erkennen sind und nicht in einer ebenmäßigen Ausleuchtung verschwinden. Die besten Beispiele dafür stammen aus dem Horrorfilm. Jeder, der sich einmal eine Taschenlampe unters Gesicht gehalten hat, um jemanden in der Nacht zu erschrecken, weiß über die unheimliche Qualität des Lichts Bescheid. Extremes Unterlicht ist die Umkehrung der Sonne, es schleichen sich unnatürliche Schatten ins Gesicht. Genauso fremd wirkt ein Gesicht, das nur von der Seite beleuchtet wird, weil ihm dadurch die eine Hälfte fehlt, die in der Dunkelheit versinkt. Für diese Arten der **Verfremdung** ist der Horrorfilm bekannt. Als Pater Merrin (Max von Sydow) in *The Exorcist* (1973) zum Haus der besessenen Regan (Linda Blair) schreitet, scheint dem Pater aus deren Zimmer ein fremdartiges Licht entgegen. Dieses Gegenlicht führt dazu, dass die Konturen Merrins scharf in die Nacht gezeichnet werden. Der gealterte Pater ist nur noch ein Schatten seiner selbst, todkrank, aber er wird gegen die Schatten kämpfen. Merrin geht ins Licht und damit in den Tod. Das ist die ikonischste Einstellung des Films, sie findet sich als Titelbild auf zahlreichen DVD- und Blu-ray-Versionen, meistens in Schwarzweiß gehalten, obschon der *Exorzist* ein Farbfilm ist.

Ohne Licht gäbe es nämlich keine Farbe im Film, somit gehört auch die Farbgebung zur Beleuchtung. Obwohl der **Farbfilm** bereits zu Beginn des 20. Jahrhunderts erfunden worden ist, setzt er sich erst ab den 1950er Jahren im Kino durch. Ab dann ist die Verwendung von Farbe auch keine technische Frage mehr, sondern eine stilistische. Zum Beispiel sind die Filme von Ingmar Bergman (1918–2007) in Schwarzweiß, weil sie das Innerste der Figuren beleuchten wollen, und dort scheint bekanntlich keine Sonne. Unser Ich schlägt in dunklen Abgründen Wurzeln. Schwarz ist die Farbe, die das Licht in seiner Einsamkeit annimmt, und daran klammert sich Bergman. Er braucht keine Farben, um bei *Smultronstället* (*Wilde Erdbeeren*, 1957) die Falten im Gesicht eines alten Physikprofessors oder bei *Tystnaden* (*Das Schweigen*, 1963) die Verzerrungen des Mundes und das pulsierende Erzittern einer Lungenkranken zu porträtieren. Licht und Schatten reichen für diese Seelenschau

Abb. 12: Blu-ray-Cover zu *The Exorcist* (1973)

vollkommen aus. Dabei vertraute er gerne seinem Kameramann Sven Nykvist (1922–2006). Über diesen und dessen Kunst schreibt Bergman in seiner Autobiographie *Laterna Magica: Mein Leben* (1987): »Sven Nykvist hat die Beleuchtung mit dieser schwer zu beschreibenden Intuition arrangiert, die sein Adelsprädikat ist und ihn zu einem der hervorragendsten Lichtmeister der Welt macht, vielleicht zum besten. Wenn man ihn fragt, wie er es anstellt, weist er auf ein paar einfache Grundregeln hin. Das eigentliche Geheimnis will er – oder kann er – nicht beschreiben.« Ähnlich wie bei Quentin Tarantino, der als Legastheniker die besten Dialoge schreibt (u. a. *Pulp Fiction*, *Jackie Brown*), oder bei Nicolas Winding Refn, dem farbenblinden Regisseur mit der großen Farbvirtuosität (u. a. *Drive*, *The Neon Demon*), quillt auch die Kunst der Beleuchtung aus mysteriösen, dunklen Quellen.

Und wie beim Licht sollten wir auch bei der **Farbdramaturgie**, also beim Erzählen mittels Farbgebung, drei Felder genauer analysieren. Es geht dabei um den **Wechsel**, die **Symbolik** und die **Dimensionen**. Das *Studienhandbuch Filmanalyse* formuliert dies am besten aus: »Die Farbdramaturgie des Films arbeitet im Wesentlichen mit drei Möglichkeiten: mit dem Wechsel von Schwarz-Weiß und Farbe innerhalb eines Filmes, mit Farbsignalen und mit der Reduktion der Farbskala bzw. der Dominanz bestimmter Farbtöne, die bis zum Extrem der Monochromie des Films gehen kann.«[31]

Als Beispiel für den **Farbwechsel** wird meistens *The Wizard of Oz* (1939) genannt, wenn Dorothy (Judy Garland) vom monochromen Kansas ins farbige Wunderland gewirbelt wird und dies mit den geflügelten Worten kommentiert: »Toto, es scheint mir, als ob wir nicht mehr in Kansas wären!« Dann fügt sie etwas hinzu, und das wird leider weniger oft zitiert: »Oh, ich glaub, wir sind über den Regenbogen!« Dieser Zusatz verweist nicht nur auf Dorothys Lied *Somewhere over the Rainbow*, sondern auch auf die Tatsache, dass sie scheinbar die Spektralfarben des Regenbogens nach Oz mitgenommen hat. Der Wechsel vom Monochromen, allgemein von Schwarzweiß, zur Farbe und umgekehrt markiert damit den Übergang in **fremde Welten** und/oder **fremde Zeiten**. Das wird auch im aktuellen Film eingesetzt. Wenn sich eine Figur erinnert und ein Flash-

31 Beil / Kühnel / Neuhaus (s. Anm. 3), S. 44.

back einsetzt, dann wechselt das Bild gerne ins Schwarzweiße, um der Vergangenheit auch visuell zu entsprechen. In jedem Fall muss ein Farbwechsel interpretiert werden.

Das ist auch bei den Farbsignalen bzw. bei der Farbsymbolik der Fall. Wenn in einem Schwarzweißfilm plötzlich ein Teil der Mise en Scène farbig erscheint, dann schreit dies nach Aufmerksamkeit und Interpretation. Es ist ein Signal, eine visuelle Fanfare. Und wie alles, das heraussticht, verweist es auf mehr als nur das Dargestellte und wird damit zum Symbol. Insbesondere Farben sind symbolisch codiert. Da sich diese **farblichen Codes** meistens an der Natur orientieren, treffen wir trotz kultureller Unterschiede in vielen Kulturkreisen eine ähnliche Farbsymbolik an. Rot ist sowohl in China als auch in Europa die Farbe des Lebens und der Liebe (Blut), kann aber im Übermaß zu leidenschaftlichen Konflikten führen (Feuer). Genauso steht Grün meistens für die Hoffnung (Wachstum), Blau für die Kälte (Wasser), Gelb für den Neid (Krankheit) und im Gegensatz zu den Asiaten, die es genau umgekehrt sehen, verbindet der westliche Kulturkreis mit Weiß die Reinheit (Tag) und mit Schwarz den Tod (Nacht).

Betrachten wir unter dieser Voraussetzung den Prolog von *Sin City* (2005), dann sticht die Frau (Marley Shelton) im roten Ballkleid und mit blutrotem Lippenstift heraus, weil sie Farbe in einem vermeintlichen Schwarzweißfilm trägt. Man könnte meinen, da stünde eine Femme fatale auf dem Balkon, verführerisch und tödlich, ein rotes Tuch fürs männliche Geschlecht. Und ein Mann (Josh Hartnett) tritt tatsächlich auf. Aber er geht nicht wie ein wilder Stier auf sie los, sondern benutzt selbst die Worte der Verführung, spricht, als ob es um Liebe und Leidenschaft ginge. Dann fallen die Farben sprichwörtlich ins Auge. Als eine Zigarette angezündet wird, leuchtet die Iris der Frau plötzlich smaragdgrün auf, und der Mann sagt, er sehe eine selt-

	Symbolik	Wirkung
Gelb	Licht, Wärme, Heiterkeit, Vernunft, Logik; Krankheit, Neid, Täuschung, Verrat	anregend, stolz; neiderfüllt, eifersüchtig, verlogen
Orange	Lebenskraft, Freude, Ausgelassenheit, Selbstvertrauen; Angeberei, Aufdringlichkeit	heiter, kreativ; extrovertiert
Rot	Blut, Kraft, Liebe, Leidenschaft, Feuer, Wärme; Gefahr, Aggression, Wut, Umsturz, Krieg	belebend, erregend, wärmend; aggressiv, hasserfüllt
Violett	Würde, Extravaganz, Religion; Eitelkeit, Macht, Spannung	extravagant, unkonventionell; eitel, einsam, unnatürlich
Blau	Wasser, Himmel, Frieden, Harmonie, Beständigkeit, Treue, Vertrauen, Sehnsucht; Kälte, Melancholie, Zurückgezogenheit	beruhigend, sehnsüchtig, unendlich; kalt, fern, melancholisch, abweisend
Grün	Natur, Frühling, Jugend, Hoffnung, Wachstum, Ruhe; Unreife, Gift	natürlich, frisch, jung, beruhigend; gleichgültig
Braun	Erde, Bodenständigkeit, Sicherheit, Wärme; Bequemlichkeit, Starrheit	gemütlich, warm; faul, altmodisch, bieder
Weiß	Klarheit, Reinheit, Unschuld, Frieden, Wahrheit, Einfachheit, Vollkommenheit, Ewigkeit; Leere, Unnahbarkeit	rein, leicht, weit; leer, langweilig, steril
Schwarz	Würde, Stärke, Feierlichkeit; Tod, Trauer, Finsternis, Geheimnis, Unglück, Schmutz, das Böse, Bedrohung, Angst	elegant, exklusiv, kompetent; traurig, schwer, bedrohlich, eng
Grau	Alter, Weisheit, Sachlichkeit, Diskretion; Eintönigkeit, Langeweile, Gleichgültigkeit	funktional, neutral, zurückhaltend; arm, alt, gleichgültig, nüchtern

same Ruhe in ihr. Ist das die Hoffnung, die aus den Augen spricht? Sind wir Zeugen einer charmanten Romanze? Unter den blumigen Worten des Mannes küssen sich die beiden schließlich, es folgt ein Liebesgeständnis und – ein Schuss. Der Schalldämpfer macht ihn zu einem Flüstern. Es ist das letzte Wort in einem Prolog, der uns vor allem durch die Farbsymbolik verführt hat. Der Mann ist kein Liebhaber und sie keine Femme fatale, sie ist ein Opfer und er ein Auftragsmörder im Dienst einer sündhaften Stadt.

Während Punktuelles symbolisch wirkt, auf etwas hinweist, drücken die **Farbdimensionen** (Farbton, Helligkeit, Sättigung) neben ihrer Symbolkraft vor allem aufs Gemüt, weil sie das **Kolorit**, den farblichen Gesamteindruck des Filmbildes, bestimmen und das Gefühl beim Betrachten prägen. Insbesondere mit der Verwendung verschiedener Farbtöne erhalten die Szenen eine spezifische **Stimmung** (engl. *tone*). »Weil unsere Alltagserfahrungen immer von Farben begleitet sind, nehmen diese sogar Einfluss auf die Wahrnehmung der physischen Welt, die uns umgibt, z. B. was Größe, Gewicht, Temperatur und Entfernungen angeht.«[32] So bewirken bestimmte Farbtöne in uns ein Gefühl der Kälte oder Wärme, was sich beim Film in einer kalten oder warmen Bildsprache niederschlägt. Im Unterschied zum Farbwechsel und zur Farbsymbolik, wo das zu Interpretierende deutlich heraussticht, müssen wir diese Dimensionen aber erst als solche wahrnehmen. »Es kommt nun darauf an, nicht einzelne Farben einfach ›wild‹ zu interpretieren, sondern zunächst Muster zu ermitteln, die in ihrer Gesamtheit, also erst strukturell, Sinn machen.«[33] Sobald sich ein derartiges Muster ergibt, kann bei der Analyse ein klassischer Farbkreis

32 Andreas Schwarz, *Wege zur Kunst*, Braunschweig 2014, S. 34.
33 Werner Faulstich, *Grundkurs Filmanalyse*, Paderborn 2013, S. 153.

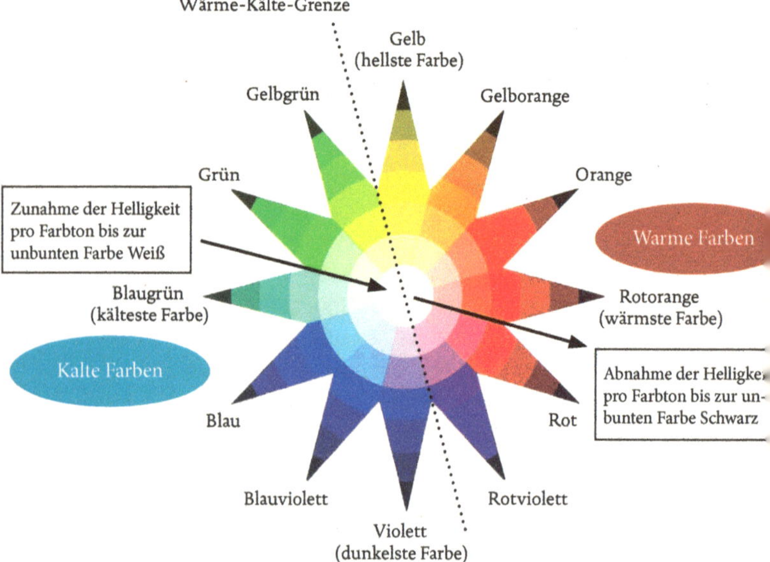

Abb. 13: Der Farbstern nach Johannes Itten

oder im Fall von Johannes Itten (1888–1967), dem Schweizer Maler und Kunstpädagogen, der Farbstern hilfreich sein. Er liefert bei aller Subjektivität und Relativität der Empfindungen zumindest eine objektive Nomenklatur, mit der es sich lohnt, über die Farben eines Films zu diskutieren.

Um einige prägnante Muster der Farbdimensionen genauer zu studieren, ist vor allem das asiatische Kino der Jahrtausendwende sehenswert. In *Yīngxióng* (*Hero*, 2002) von Zhang Yimou wird wie in *Rashōmon* (1950) eine Geschichte aus verschiedenen Perspektiven erzählt, wobei jeder Perspektive ein Farbton eigen ist. Es sind monochrome Episoden. In derjenigen

Abb. 14: Szene in *Hero* (2002) aus der blauen Episode (41:49)

des namenlosen Helden (Jet Li), die sich um Liebe und Eifersucht dreht, ist alles in ein warmes Rot getaucht, während die nüchterne Nacherzählung des Königs von Qin (Chen Daoming) im kalten Blau erscheint. Hier herrscht die Unterkühlung, dort die exzentrische Leidenschaft, und es sind vor allem die Farbtöne, die uns davon berichten.

Es stellt sich aber heraus, dass beide Perspektiven nicht der Wahrheit entsprechen. Die wahre Geschichte erscheint in der unbunten Farbe Weiß, endet im Tod der Helden und spricht durch das Zitat des Schwertmeisters (Tony Leung Chiu Wai): »Die Kunst der Kalligraphie entspringt der Seele und die Kunst des Schwertkampfes ebenfalls. Beides strebt nach Wahrheit und Reinheit.« Damit gelingt dem Film ein fantastischer farblicher Brückenschlag der Kulturen, weil sich sowohl das westliche Gefühl der Reinheit als auch das östliche des Todes in der weißen Episode (symbolisch) wiederfinden.

Maggie Cheung, die verliebte Schwertmeisterin aus *Hero*, spielt auch im zweiten Beispiel, *Fa yeung nin wa* (*In the Mood for Love*, 2000), eine Hauptrolle. In Wong Kar-Wais Film folgen wir der Geschichte von zwei Verheirateten, deren Ehepartner eine Affäre miteinander haben, und je länger der Film dauert, desto intensiver wird die Farbe Rot. So wie die beiden Betrogenen in den engen Räumen Hongkongs langsam zueinanderfinden, so steigert die Farbe ihre Sättigung, bis vor dem Hotelzimmer 2046 nur noch hochbunte, knallrote Vorhänge im Wind wehen. Das Zimmer scheint ein gefährliches Liebesnest zu sein. Am Ende erfahren wir aber, dass die Betrogenen nicht denselben Weg, nicht den Weg des Betrugs, gehen wollten, damit sich ihre Liebe von der betrogenen unterscheidet.

Der dritte chinesische Regisseur, der im Jahr des Drachen international bekannt wurde, ist Ang Lee mit seinem Film *Wòhŭ Cánglóng* (*Tiger and Dragon*, 2000). Darin gibt es eine erhabene Szene, in der auf den Ästen eines Bambuswaldes gekämpft wird. Es ist ein bewundernswürdig schwereloses Kampfballett im Grünen, das durch den Farbton umso beruhigender, sanfter, pittoresker wirkt. Gefilmt wurde es am Fuß der Gelben Berge. Und an deren höchstem Punkt, beim Lotusblütengipfel des Huangshan, wo die Liebesschlösser hängen und manche Liebe rostet, kann man im Wind eine Sage hören, die in *Tiger and Dragon* von einem Banditen (Chang Chen) erzählt wird: »Wer den Mut hat, von diesem Berg zu springen, dem erfüllt der Himmelsgeist einen Wunsch. Vor langer Zeit gab es einen jungen Mann, dessen Eltern krank waren, da sprang er von diesem Berg herunter. Als er unten ankam, war er nicht verletzt. Danach flog er einfach davon, weit weg, und kam nie wieder zurück. Er wusste, dass sein Wunsch in Erfüllung gegangen war.« Davonfliegen, das ist auch der Wunsch von Jen (Zhang Ziyi), denn sie möchte frei und ungezwungen, nicht in den Banden der strengen Ständegesellschaft leben. Dass Jen im Film tatsächlich fliegt und fern aller physikalischen Kräfte auf einem

Bambusast steht, an Wänden entlangrennt und über Dächer gleitet, ist ein Merkmal des Wuxia-Films. »Wuxia« ist ein literarisches Genre der chinesischen Kultur, das Fantastisches mit Historischem vermengt, vergleichbar mit den Artusepen des europäischen Mittelalters. In gleichem Maße gelingt Ang Lee der Spagat zwischen seinen hochfliegenden Figuren und einer geerdeten Geschichte. Während sich in *Hero* die Farbmuster in den Vordergrund drängen, geht *Tiger and Dragon* einen anderen Weg. Obwohl die Farben prominent im Film thematisiert werden – so kämpfen die Figuren um »Das grüne Schwert der Unterwelt«, der sagenerzählende Bandit nennt sich »Schwarze Wolke« (und gefilmt wurde in den »Gelben Bergen«) –, war es ein Anliegen von Ang Lee, dass die Welt trotz aller Fantastik real erscheint. Die Kämpfer mögen fliegen, der Rest bleibt auf dem Boden der Tatsachen. Auf der Arthaus Bonus-Disc (DVD) kann man nachlesen, wie der Regisseur sein Werk als eine Art Traum von China beschreibt, der aber in einem realistischen Stil geschaffen sei. Dafür verantwortlich ist die Farbe, genauer ihre Sättigung – sie wirkt leicht ergraut, als wäre das Bildmaterial gealtert und ein historisches Dokument. Der Film mag im Jahr des Drachen gedreht worden sein, die Bilder sprechen aber von der Qing-Dynastie, dem 43. Jahr der Herrschaft des Kaisers Qianlong (1779).[34]

34 Eine fantastische Übersicht zu den Farbdimensionen mit Beiträgen zu *In the Mood for Love*, *Hero* und *Sin City* findet sich auf Youtube mit dem Titel *10 Best Uses of Color of All time*: https://www.youtube.com/watch?v=tILIeNjbH1E (CineFix) [27.2.2019].

3.2.3 Schauspiel

Angst und Schrecken machte sich breit, als Johnny Depp in der Rolle des **Captain Jack Sparrow** über das Filmset torkelte. Der Pirat lehrte indes nicht die Karibik das Fürchten, sondern die Disney Studios, die dachten, der Schauspieler zerstöre mit seiner exaltierten Darstellung, die zwischen einem schwulen und einem betrunkenen Piraten schwanke, die gesamte Produktion. Sie hinterfragten offen das **Casting** (Auswahl der Schauspielerinnen und Schauspieler). Viele Jahre und einige Filme später hat Johnny Depp seine damaligen Kritiker eines Besseren belehrt und eine cineastische Kultfigur kreiert.

An Jack Sparrow lässt sich erkennen, wozu ein Darsteller fähig ist, wenn man seinem Spiel vertraut. Johnny Depp, der vor den *Pirates of the Caribbean*-Filmen sicherlich ein bekannter, aber mitnichten berühmter Schauspieler, geschweige denn ein Superstar gewesen ist, zeigt auf, mit welchen Mitteln eine **filmische Figur** zum Leben erweckt wird. Wie in der Literatur offenbart sich deren **Charakter** in den Gedanken und Gefühlen, in den Taten, den Selbst- und Fremdaussagen, dem Aussehen, der sozialen Stellung, der Berufswahl, den Hobbys und meistens auch im Namen (sprechende Namen). Die **Schauspielerinnen und Schauspieler** müssen all diese Merkmale wortwörtlich verkörpern, indem sie der Figur ihren persönlichen Körper leihen, durch diesen aber eine fremde Person zu Wort kommen lassen. Was heißt das? Zum einen erhält die Figur durch die Schauspielerinnen und Schauspieler eine physische Präsenz in der erzählten Welt (Leib), zum anderen muss der Charakter zum Vorschein kommen (Seele). Dafür steht dem Schauspiel vor allem die **Sprache** (auditive Ebene) und alle Arten nonverbaler Kommunikation zur Verfügung: **Mimik** (Mienenspiel), **Gestik** (Gebärdenspiel) und die **Körperspra-**

che an sich. Das sind auch die Merkmale, die einem als Erstes in den Sinn kommen, wenn man an Johnny Depps Auftritte als Jack Sparrow denkt.

Die wild herumfuchtelnden Hände, das schelmische Lächeln, die abstrusen Wortkaskaden mit fragwürdiger Logik und das bereits erwähnte Herumtorkeln beim Landgang. Es beschleicht einen stets das Gefühl, Sparrow sei weder Herr über Körper noch Geist, aber im Laufe der Filme stellt sich des Öfteren heraus, dass alles nur Maskerade ist. Er gleicht einem Rockstar, der auf der Bühne zu einer Kunstfigur wird, die nicht nur ein Instrument, sondern für die Massen eine Rolle spielt. Folglich kann es kaum überraschen, dass Johnny Depp sein Schauspiel an Keith Richards, dem Gitarristen der Rolling Stones, orientiert hat – Richards wird im dritten und vierten Teil von *Pirates of the Caribbean* sogar als Vater von Jack Sparrow auftreten.

Dass Sparrow trotz seines ungeschickten Auftretens meistens Herr der Lage ist, lässt sich vor allem an einer Szene aus *The Curse of the Black Pearl* (2003) erkennen. Dort kapern Sparrow und William Turner (Orlando Bloom) vermeintlich die »Dauntless«, einen britischen Dreimaster, der unmöglich von nur zwei Besatzungsmitgliedern seetauglich gemacht werden kann. Diesen Umstand bemerkend, sagt Commodore Norrington (Jack Davenport): »Das ist zweifellos der schlechteste Pirat, den ich je gesehen habe.« Als sich dann herausstellt, dass die gesamte Aktion nur eine ausgeklügelte Finte Sparrows war und er letztlich die von Norringtons Crew seetauglich gemachte »Interceptor«, den Stolz der britischen Marine, kapert, bemerkt einer der Lieutenants begeistert: »Das ist der beste Pirat, den ich je gesehen habe!« Jack Sparrow trägt also die Unbeholfenheit wie ein Kostüm, denn wie sein Kostüm, das mit Piratensouvenirs überbordend beladen ist, dient alles nur zu einem Zweck:

Ablenkung. Johnny Depp hat diesem maritimen Trickster die Hände eines Gauners, die Mimik eines Schelms, die Sprache eines Betrügers gegeben, und nicht nur das Publikum lässt sich von ihm verführen.

Bei allem medialen Fokus darf man aber etwas nicht vergessen: Jack Sparrow ist kein Alleinunterhalter, sondern Teil eines Ensembles, das sich wie bei der Literatur am besten in einer **Figurenkonstellation** darstellen lässt. Aus dieser sollte sich das Beziehungsgeflecht herauslesen lassen, wobei die Protagonisten (**Hauptfiguren**) in der Mitte zu platzieren sind und sich der Rest (**Nebenfiguren**) in deren Peripherie gruppiert.

Obwohl nun die Figuren immer zentral sind, müssen sie nicht das treibende Moment der Geschichte sein. Man unterscheidet hierbei figuren- (engl. *character driven*) und handlungsorientierte (engl. *plot driven*) Filme. ***Character driven*** bedeutet, dass die antagonistische Kraft im Protagonisten selbst liegt – er ist sich selbst der größte Feind. Alles dreht sich demnach um die Charaktere und deren Seelenkämpfe, was ein subtiles, psychologisch komplexes Schauspiel erfordert. Natalie Portman muss in *Jackie* (2016) vermitteln, wie sich das Leben einer Witwe nach der Erschießung ihres Ehemannes John F. Kennedy anfühlt. Derweil Jeff Bridges dem Dude in *The Big Lebowski* (1998) eine Nonchalance, eine Würde der Trägheit verleiht, in die ein gestresster Mensch nur allzu gern schlüpfte. Und in *Breakfast at Tiffany's* (1961) ist es die Aufgabe von Audrey Hepburn (1929–1993), der sowohl exzentrischen als auch zutiefst verunsicherten Holly Golightly zu entsprechen. Dramen und Komödien neigen generell zur Charakterstudie. Auf der anderen Seite befindet sich bei einem Drehbuch, das ***plot driven*** konzipiert ist, der Kern des Konflikts außerhalb der Protagonisten und die Handlung schiebt sich in den Vordergrund. Insbesondere der Actionfilm, der buchstäblich auf die

Aktion (Handlung) setzt, benötigt keine Schauspieler, die das Innerste nach außen kehren können, weil in erster Linie deren Körperkraft spricht. Man denke an die muskelbepackten, testosterongeschwängerten Actionstars der 1980er Jahre: Arnold Schwarzenegger in *The Terminator* (1984) oder Sylvester Stallone in *Rambo: First Blood Part II* (1985).

Zur genaueren Unterscheidung von *character* und *plot driven* bietet sich die am längsten bestehende Filmreihe der Geschichte und deren übermenschlicher Protagonist an: **James Bond**. In der klassischen Ära der James-Bond-Filme (1962–85), insbesondere in der Darstellung Sean Connerys, liegt kein Teil der antagonistischen Kraft innerhalb des Helden. Der Agent Ihrer Majestät besitzt keine charakterliche Tiefe, sondern erscheint als eine Projektion männlicher Wünsche. So liegen ihm die schönsten Frauen zu Füßen, er bestreitet die unglaublichsten Abenteuer, besitzt einen kampfwertgesteigerten Aston Martin DB5 und vor allem – James Bond zweifelt in keiner Sekunde an seiner Potenz. Er ist Körper gewordene Sehnsucht. Das ändert sich markant in den neuesten Abenteuern. Es kann kein Zufall sein, dass der vom Theater kommende und mit diesem weiterhin liierte Regisseur Sam Mendes die Gewichtung verschob, denn sowohl bei *Skyfall* (2012) als auch bei *Spectre* (2015) wird ein Teil des Konflikts in den Helden verlegt. In *Skyfall* zweifelt aufgrund seines Alters nicht nur Bond (Daniel Craig) an seinen Fähigkeiten, der Film trägt als Titel auch den Namen der Familienresidenz und thematisiert offenkundig Bonds Kindheitstrauma, das sich vom frühen Tod seiner Eltern nährt. Wie kein anderer Film der Reihe gibt er dem Helden damit eine **Backstory Wound**, also eine seelische Verletzung aus der Vorgeschichte der erzählten Zeit. Dieses unverarbeitete Erlebnis ähnelt demjenigen seines Gegenspielers: Auch Silva (Javier Bardem) ist ein Waisenkind und glaubte in M (Judi

Dench) eine Ersatzmutter gefunden zu haben. Plötzlich ist der Konflikt nicht mehr außerhalb von James Bond, sondern Teil seiner Genealogie. In *Spectre* (2015) wird das Ganze so weit getrieben, dass Ernst Stavro Blofeld (Christoph Waltz), die Katzen streichelnde Nemesis, nicht nur der prototypische Antagonist ist, sondern sich neuerdings als Bonds Stiefbruder zu erkennen gibt. Das hebt Daniel Craigs Interpretation des Agenten aus dem Actiongenre heraus. Die Filme sind damit nicht besser als ihre klassischen Vorgänger, sondern markieren lediglich die Verschiebung von *plot* zu *character driven.*

Dass es für das Chamäleonwesen so vieler Schauspielerinnen und Schauspieler als reizvoller gilt, in Charakterfilmen mitzuwirken, weil sie dort tiefer in eine fremde Haut schlüpfen können, ist plausibel. Trotzdem muss das kein Qualitätsmerkmal sein. Am Ende der Dreharbeiten und am Anfang der Vorführung stellt sich nur eine Frage: Schenkt das Publikum den dargestellten Figuren Glauben? Die **Glaubwürdigkeit der Darstellung** ist das Mantra, die magische Formel der Schauspielkunst.

3.2.4 Kostüme und Make-up

In der Augustausgabe des Jahres 2015 kürten die Leserinnen und Leser der britischen Filmzeitschrift *Empire* die »100 Greatest Movie Characters«, also die größten oder eher die beliebtesten Filmfiguren aller Zeiten. Die Top 5 sah wie folgt aus: 5. Platz: Ellen Ripley (*Alien*), 4. Platz: Batman, 3. Platz: Han Solo (*Star Wars*), 2. Platz: James Bond, 1. Platz: **Indiana Jones**. Zwei der Figuren, die auf dem Siegertreppchen stehen, werden von demselben Schauspieler verkörpert: Harrison Ford.

Obwohl Ford der bis dato kommerziell erfolgreichste Schauspieler ist (ca. 5 Billionen US-Dollar Filmumsatz), bleibt er ein eher unscheinbarer Hollywoodstar. Wenn wir an Han oder »Indy« denken, dann kommen uns in erster Linie die Figuren und nicht deren Schauspieler in den Sinn. Das ist atypisch für einen Star. Normalerweise zwingt dieser »seine reale oder stilisierte physische Erscheinung, wie sie sich auf der Leinwand darstellt, und all das, was diese Erscheinung einbeschließt und mitbedeutet, jeder der von ihm geschaffenen Rollen auf«.[35] Tom Cruise mag zum Beispiel einen Geheimagenten, Samurai oder Sportmanager spielen, er ist in allen seinen Verkörperungen unverkennbar Tom Cruise. Der Hollywoodstar ist damit populärer als seine Figuren, aber keine Filmfigur ist im August 2015 populärer als Indiana Jones.

Warum ist dem so? Wer wie Indy gegen die Nazis in den Krieg zieht, wem der Führer höchstpersönlich den Krieg erklärt, der muss auf der richtigen Seite der Geschichte stehen und kann deshalb nur sympathisch erscheinen. Rick (Humphrey Bogart) hat das in *Casablanca* (1942) am besten formuliert: Die Schwarze Liste der Nazis, das ist eine Ehrenliste. Harrison Ford hat aber auch einen Charakter erschaffen, der Abenteurer (Indiana) und Gelehrter (Dr. Jones) zugleich ist, der zwischen dem Beruf als Collegeprofessor und dem Jäger verlorener Schätze changiert. Das macht ihn für Körper und Geist attraktiv. Nicht nur deswegen oder wegen des Kampfes gegen die Nazis identifiziert sich das Publikum mit dem sowohl schlagfertigen als auch intelligenten Helden; seine Popularität rührt insbesondere daher, dass Indy trotz dieser idealen Kombination, trotz aller Fantastik menschlich geerdet bleibt. Ihm wächst nämlich die Geschichte wie die Ranken bei einem alten Inkatempel gerne über den Kopf, so dass er sich stets nach vorne peitschen muss, um nicht vom Geschehen überrollt zu werden. George Lucas, der geistige

35 Siegfried Kracauer, *Theorie des Films*, Frankfurt a. M. 1985, S. 143.

Vater der Figur, sagt dazu im Making-of der Trilogie (DVD): »The character of Indiana Jones is this kind of fallen archeologist that was kinda always over his head.« Frei übersetzt: Indy übernimmt sich des Öfteren. So hat der Archäologe Dreck unter den Fingernägeln, weil er sich ans Leben krallen muss, und diese Erdung, die tiefer als jede Angst vor Schlangen reicht, macht ihn so populär.

All das sehen wir nicht nur im Schauspiel Fords, wir könnten es allein dank des ikonischen Kostüms erkennen. Khakifarbene Hosen, beiges Hemd, eine dunkelbraune Lederjacke, die Fedora (Filzhut) aus Kaninchenhaar, eine Tragtasche aus dem Weltkrieg, dazu ein .455er Webley-Revolver und natürlich die eingefettete Bullenpeitsche – alles atmet Staub, Schmutz und Erde. Alles ist Indiana Jones. **Charakter und Kostüm sind eine Einheit**.

Deborah Nadoolman, die Kostümbildnerin (engl. *costume designer*), spricht im Making-of sogar von einer Heirat zwischen Kleidung und Figur: »A costume has to perfectly marry the character!« Das Publikum müsse Harrison Ford den bodenständigen, brillanten Archäologen abkaufen. In J. W. Rinzlers *The Complete Making of Indiana Jones* (2008) präzisiert der Regisseur Steven Spielberg, dass Indy, sobald er seinen Unterricht beendet habe und die Kampfkluft anziehe, Staub und Schmutz an den Wangen und Erde unter den Nägeln klebe. Mit dem Kostümwechsel transformiert sich Dr. Jones zu Indiana, er wird vom Lehrer zum Abenteurer.

Am wichtigsten dabei ist der Hut. Er symbolisiert die Heirat zwischen Figur und Kleidung am besten, weil er in der Regel nie von Indys Kopf fällt. »I had to have a hat that was unique,

---

Abb. 15: Das Kostüm von Indiana Jones auf dem Filmplakat zu *Raiders of the Lost Ark* (1981)

Indiana Jones–the new hero from the creators of JAWS and STAR WARS.

PARAMOUNT PICTURES Presents A LUCASFILM LTD Production
A STEVEN SPIELBERG Film

Starring HARRISON FORD

KAREN ALLEN · PAUL FREEMAN · RONALD LACEY · JOHN RHYS-DAVIES · DENHOLM ELLIOTT

Music by JOHN WILLIAMS · Executive Producers GEORGE LUCAS and HOWARD KAZANJIAN · Screenplay by LAWRENCE KASDAN · Story by GEORGE LUCAS and PHILIP KAUFMAN

Produced by FRANK MARSHALL · Directed by STEVEN SPIELBERG · Filmed in Panavision® · DOLBY STEREO · NOVELIZATION FROM BALLANTINE BOOKS · ORIGINAL SOUNDTRACK ON COLUMBIA RECORDS & TAPES

A PARAMOUNT PICTURE

PG PARENTAL GUIDANCE SUGGESTED
SOME MATERIAL MAY NOT BE SUITABLE FOR CHILDREN

810100
"RAIDERS OF THE LOST ARK"

but looked like every hat«, sagt Deborah Nadoolman. Sie musste also einen Hut suchen, der einzigartig ist, aber wie jeder andere Hut aussieht. Fündig wurde sie beim britischen Hutmacher Herbert Johnson und dessen australischem Modell, das eine hohe Krone und eine breite Krempe besaß. Auf den ersten Blick mag diese Fedora wie jeder andere Hut aussehen, als Silhouette gehört er unverkennbar zu Indiana Jones. Keine andere Filmfigur kann diesen Schatten werfen.

Der Film macht sich damit eine Art kopernikanische Wende der Mode zunutze: Wir tragen nicht das, was wir sind, sondern sind das, was wir tragen. Das Kostüm formt den Charakter! Dasselbe gilt für das **Make-up** (Maske, Schminke). Die beiden Filmwissenschaftler David Bordwell und Kristin Thompson schreiben dazu: »Many of these points about costume apply equally to a closely related area of mise-en-scene, the actor's makeup.«[36]

Ursprünglich aus der australischen Steppe stammend und mit brachialer Gewalt in die Postapokalypse rasend, bietet *Mad Max: Fury Road* (2015) einen interessanten Einblick in die Arbeit der Maskenbildner. Denn die heimliche Heldin des Films, **Imperator Furiosa** (Charlize Theron), sticht diesbezüglich ins Auge: In einer Welt der Motoren ist ihr Make-up schwarzes Schmierfett.

Um Furiosa besser zu verstehen, müssen wir uns wie der Erzähler aus *Mad Max 2: The Road Warrior* (1981) an eine Zeit erinnern, die vergangen ist, »in einer Welt, in der das schwarze Gold regierte. Aus den Wüsten sprossen Städte, die nur eines zum Ziel hatten: Öl zu fördern. Längst sind sie vom Erdboden verschwunden, aber damals war es für zwei mächtige Völker Grund genug, um in den Krieg zu ziehen. Sie entfachten ein Feuer, das sie alle verschlingen sollte. Ohne das schwarze Gold waren sie

36 David Bordwell / Kristin Thompson, *Film Art*, New York 2010, S. 128.

Abb. 16: Imperator Furiosa (Charlize Theron) in *Mad Max: Fury Road* (2015; 10:28)

nichts. Sie hatten auf Sand gebaut.« Und Sand ist das, was vom Flammeninferno übrigblieb. Furiosa wurde aber nicht in der Wüste geboren. Sie stammt vom Grünen Ort der vielen Mütter und wurde als Kind in die Zitadelle von Immortan Joe (Hugh Keays-Byrne) entführt, um wohl eine Brüterin zu werden. Die Brüterinnen, das sind Joes Sexsklavinnen, mit denen er seine Kinder zeugt, und an ihnen sehen wir, in welcher verrückten Welt *Mad Max: Fury Road* spielt. Es ist eine Welt männlicher Perversion. In ihr werden V8-Motoren wie Götter angebetet, die Wege der tapfersten Warboys führen ins verchromte Walhalla, Muttermilch ist eine Ressource und Frauen sind Eigentum.

Auf die Frage, ob es seine Intention gewesen sei, einen feministischen Film zu drehen, sagte der Regisseur George Miller lakonisch, dass es die logische Konsequenz der Geschichte ist. Wenn ein Road Warrior Sexsklavinnen aus männlicher Tyrannei befreie, dann könne dieser Straßenkämpfer kein Mann sein. »So it had to be a female Road Warrior, and the rest followed.«[37]

37 George Miller, zit. nach: Luke Buckmaster, *Miller and Max*, Melbourne 2017, S. 255.

Alles habe sich natürlich aus dieser Figur entwickelt, nichts sei für den Zeitgeist forciert worden. Imperator Furiosa ist diese Figur.

Furiosas Make-up und **Frisur** widerspiegeln dabei den Leidensweg des Charakters. Mit ihren kurzgeschorenen Haaren und nach 7000 Tagen in der Zitadelle ist sie äußerlich schon fast zum kahlen Warboy degeneriert, aber innerlich brennt die Sehnsucht nach Erlösung. Von allen Motoren pumpt ihr Herz am stärksten, ihre Willenskraft hat am meisten Oktan. So muss das Make-up schwarzes Schmierfett sein. Vom Lenkrad eines Tanklasters stammend, ist es die Schminke aus dem toxischen Reservat fehlgeleiteter Männlichkeit. Eine Art Kriegsbemalung, Öl auf der Leinwand eines gezeichneten Gesichts. Als Furiosa damit ihre Stirn einreibt, wird sie zum Imperator, zum Befehlshaber im Befreiungskampf. Hat sie kurz zuvor noch sich selbst und die befreiten Frauen mit Wasser gewaschen, so holt sie der Krieg rasch wieder ein. Das helle Gesicht verdunkelt sich, weil die Erlösung eine Verfolgungsjagd ist, die in einer männlichen Domäne ausgefahren werden muss. Am Ende wird Furiosa mit der Hilfe von Max die Zitadelle erobern, das Rennen gewinnen, doch ihr Gesicht erscheint vom Kampf gezeichnet: das rechte Auge zugeschwollen, der Rest blutverschmiert. Aber es zeugt davon, dass noch Leben in dieser vergifteten Welt ist, denn Blut ist ein ganz besonderer Saft. So lässt sich allein am Make-up die Geschichte von *Mad Max: Fury Road* nacherzählen. Die Maske Furiosas ist damit keine Verschleierung, sondern das Gesicht des Films.

3.3 Mit der Kamera: Mise en Cadre

Wer in Mailand das Dominikanerkloster Santa Maria delle Grazie besucht und durch die Glastüren der Temperaturkontrolle gegangen ist, wird zu seiner Rechten ein majestätisches Wandgemälde entdecken, dessen Motiv aus der Bibel stammt und dessen Technik einen Wendepunkt der abendländischen Kunstgeschichte markiert. Es ist Leonardo da Vincis *L'Ultima Cena* (*Das Abendmahl*, 1494–97). Die Komposition ist ungewöhnlich lebhaft, kein starres und stereotypes Heiligenbild aus dem Mittelalter, sondern eine bildhafte Charakterstudie von Jesus Christus und seinen zwölf Jüngern. Hinzu kommt die in der Renaissance (15./16. Jahrhundert) entdeckte Zentralperspektive, die aus dem flachen Bild einen dreidimensionalen Bühnenraum zu machen scheint, weil alle Linien zu einem Fluchtpunkt streben; beim *Abendmahl* ist es das rechte Auge Christi.

Was Leonardo mit seinen Pinseln malen musste, fängt die Kamera automatisch ein, sofern die Mise en Scène Fluchtlinien bietet. Das Setting sollte also dergestalt sein, dass bei der Übertragung ins Filmbild der **Eindruck räumlicher Tiefe** entsteht. Dafür bieten sich mehrere Möglichkeiten: Man filmt einen Raum, der bereits Fluchtlinien besitzt (z. B. Häuserfluchten), oder es werden Bilder komponiert, die deutlich in Vorder-, Mittel- und Hintergrund eingeteilt sind. Zusätzlich können Beleuchtung, Farbgebung oder unterschiedliche Bildschärfen zur Räumlichkeit führen. »Man muss«, lehrt der Kameramann Billy Williams, »von Standfotos und von der Malerei lernen. Man muss die Meister studieren: wie sie ihre Komposition aufbauen, wie Licht und Schatten eingesetzt werden, um Tiefe und Perspektive zu schaffen. Ich rate meinen Studenten, in Schwarzweiß zu denken [...], um ein Gefühl für Nuancen zu

Abb. 17: Leonardo da Vincis *L'Ultima Cena* (Das Abendmahl, 1494–97) mit eingezeichneten Fluchtlinien

entwickeln: Hell auf Dunkel oder Dunkel auf Hell zu setzen. So schafft man Tiefe, die Illusion einer dritten Dimension.«[38]

Seit *Avatar* (2009) drängt auch das 3D-Verfahren wieder vermehrt ins Kino, um das Raumerlebnis in der Tiefe des Bildes erfahrbar(er) zu machen. Diese Technik ist aber durchaus fragwürdig. Wenn Leonardo da Vinci vor über 500 Jahren einen überzeugenden Raumeffekt mit ein paar Pinseln fabriziert hat, sollten wir uns daran orientieren, und das tun einige Filmemacher. So findet das Wandgemälde zahlreiche Epigonen im Film (*Viridiana*, *M. A. S. H.*, *Watchmen*, *Murder on the Orient Express* usw.) oder gar in Videospielen (*Far Cry* 5), wo das *Abendmahl* nachkomponiert wird.

38 Billy Williams, zit. nach: Ettedgui (s. Anm. 30), S. 99.

Für die Bildkomposition sind demnach zwei Schritte vonnöten: Zum einen muss ein Raum arrangiert werden, zum anderen werden Teile dieses Arrangements von der Kamera eingefangen. Erst im Zusammenspiel von **Mise en Scène** (Was wird gefilmt?) und Mise en Cadre (Wie wird gefilmt?) entsteht ein Filmbild.

Infobox: Mise en Cadre

Während die **Mise en Scène** all das verkörpert, was vor der Kamera stattfindet, umfasst die **Mise en Cadre** (frz., ›In-den-Kader-Setzen‹) all jene bildkompositorischen Aspekte, die mit der Kamera und durch die Kadrierung bewerkstelligt werden. Von analytischer Bedeutung sind dabei: **Einstellungsgröße** (Panorama, Totale, Halbtotale, Amerikanisch, Halbnah, Nah, Groß, Detail), **Kameraperspektive** (Top Shot, Vogelperspektive, Aufsicht, Normalsicht, Untersicht, Froschperspektive) und **Kamerabewegung** (Kameraschwenk, Kamerafahrt, Handkamera/Steadicam, Zoom).

Obwohl es kein Regelwerk für eine korrekte Kadrierung gibt, weil sich die Kunst selten an Regeln hält, haben sich einige Konventionen in der Filmsprache eingebürgert. Die Protagonisten werden zum Beispiel gerne im vertikalen Goldenen Schnitt des Kaders platziert, das bedeutet: Die Köpfe werden von der Bildmitte leicht nach links oder rechts gerückt, um in einem harmonischen Sichtfeld zu liegen. Es soll ein Ebenmaß, ein **ideales Prinzip der Proportionierung** sein. Hinzu kommen Lead Room oder Nose Room, also der (freie) Raum in Geh- bzw. Blickrichtung, der den Figuren im Kader eine Bewegungsmöglichkeit offeriert und sie nicht in einer zu engen Kadrierung piktoral einzwängt.

Zum Schluss soll eine Anomalie, eine amüsante Rebellion im Filmraum, die den Kader zu sprengen droht, nicht verschwiegen werden. In der Regel blicken wir, das Publikum,

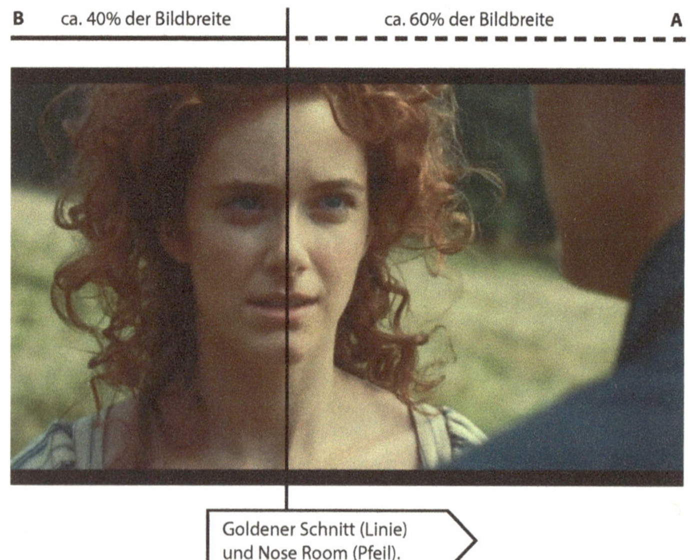

Abb. 18: Lotte Buff (Miriam Stein) im Goldenen Schnitt links inklusive Nose Room rechts in dem Film *Goethe!* (2010; 38:03). Beim Goldenen Schnitt ist das Verhältnis (A+B) zu A gleich dem Verhältnis A zu B.

durch die Kadrierung in die Tiefe des Filmraumes, und keine Figur blickt zurück. Es ist ein stilles Beobachten im abgedunkelten Kinosaal. Unbemerkt nehmen wir teil an einer Geschichte, die sich vor unseren Augen und in einem fremden Raum entfaltet. Aber es gibt sowohl im Film als auch im Theater Situationen, da dreht sich eine Figur plötzlich zum Publikum, blickt dieses an und beginnt mit ihm zu sprechen. Die Figur weiß also, dass sie beobachtet wird und nur eine Rolle in einer Geschichte spielt. Das ist der **Bruch der vierten Wand** (engl. *breaking the 4th wall*).

Was ist die vierte Wand? Wenn wir noch einmal das Gemälde von Leonardo da Vinci betrachten, dann sehen wir zwei Seitenwände und eine Rückwand mit drei Fenstern, aber die vierte Wand das Raumes scheint transparent zu sein, weil wir durch diese die Szenerie mit den Jüngern und Jesus Christus wahrnehmen. Und so lebhaft diese Jünger auch sein mögen, keiner von ihnen blickt uns direkt an, auch Jesus nicht. Niemand bricht durch die vierte Wand. Niemand schaut aus dem Gemälde.

Wenn nun im Film jemand durch die Leinwand blickt, dann hat dies meist einen **komischen Effekt**. Obwohl es Beispiele aus anderen Genres gibt, so sprechen Edward Norton und Brad Pitt im Thriller *Fight Club* (1999) oder Jean-Paul Belmondo in *À bout de souffle* (1960) mehrmals direkt zum Publikum, wird vor allem in Komödien die vierte Wand und mit ihr auch die Filmillusion durchbrochen. Lieutenant Frank Drebin (Leslie Nielsen) von der Spezialeinheit ist in *The Naked Gun: From the Files of Police Squad!* (*Die nackte Kanone*, 1988) ein Experte auf diesem Gebiet. Es ist das Privileg einer komischen Figur, die Konventionen zu durchbrechen, genauso wie das Lachen immer aus dem Unkonventionellen hervorbricht.

3.3.1 Einstellungsgrößen

Totale und **Panorama** (extreme long shots)

Abb. 19: Die filmischen Einstellungsgrößen (Illustration vom Autor)

Panorama (P): Die Einstellung zeigt eine gesamte Landschaft und bietet ein Blickfeld bis zum Horizont. Funktion: Die Weite des Raumes und die Stimmung in demselben wird etabliert.

Totale (T): In einer Obersicht überblicken wir ein Setting, also den Schauplatz der Handlung inklusive der Figuren. Funktion: Die Zuschauerinnen und Zuschauer erhalten eine räumliche Orientierung über das Geschehen.

Halbtotale (HT): Wir sehen die Figuren in ihrer gesamten Körperlänge und ihrer unmittelbaren Umgebung. Funktion: Die Aufmerksamkeit wird auf die figurale Handlung und deren Körpersprache gelenkt.

Amerikanisch (A): Der Begriff entstammt dem amerikanischen Western und die Figuren sind vom Knie an aufwärts zu sehen. Funktion: Die Körpersprache wird akzentuiert, insbesondere der Griff zu den Colts.

Halbnah (HN): Die Figuren werden bis zur Hüfte gezeigt. Funktion: Da Mimik und Gestik optimal erfassbar sind, werden damit kommunikative Situationen, meistens mit zwei Figuren gleichzeitig im Bild, porträtiert.

Nah (N): Eine Figur wird von der Brust an aufwärts gezeigt. Funktion: Mimik und Gestik werden bei nur einer Sprechfigur präzisiert.

Groß (G): Die Einstellung fokussiert ein Gesicht. Funktion: Die Gedanken und Gefühle der gezeigten Figur werden vermittelt (Intimsphäre).

Detail (D): Es sind nur noch Fragmente eines Gesichts oder Gegenstandes zu erkennen. Funktion: Die intimste Sicht intensiviert die Betrachtung, weil die Zuschauerinnen und Zuschauer vom Bild bzw. der extremen Nähe bedrängt werden.

Alle Einstellungsgrößen (engl. *scale of shots*) orientieren sich an der menschlichen Figur und die normierten Skalen definieren sich durch **Nähe und Distanz** zum Gezeigten. Mit der Wahl der unterschiedlichen Größen lenkt die Regie den Zuschauerblick, beschränkt und füttert ihn zugleich mit Informationen. Das Publikum ist damit eine Schar von Voyeuren, die sich mit dem zufriedengeben muss, was die Regie an Bildausschnitten offeriert.

Kippeffekt: Fließender Übergang zwischen den Einstellungsgrößen

Orientierung (Raum) – **Handlung** (Körper) – **Gedanken und Gefühle** (Seele)

Je näher die Kamera bzw. je größer die Einstellung, desto tiefer dringt das Publikum in die Intimsphäre der Figuren ein.

3.3.2 Kameraperspektiven

Von allen Lobeshymnen, die auf *Citizen Kane* (1941) zu Recht gesungen werden, wollen wir hier nur in eine einstimmen: Die extreme Verwendung der **Kameraperspektiven**. Theoretisch betrachtet ist die Methode denkbar einfach. Werden Figuren von unten in einer **Froschperspektive** (1) gefilmt, überragen sie das Publikum massiv und erscheinen größer und mächtiger als die Betrachter. Die Umkehrung dessen, die **Vogelperspektive** (5) bis ins Extrem des **Top Shots** (6), lässt sie hingegen schrumpfen oder bietet allgemein eine (beinahe göttliche) Übersicht zur Mise en Scène. Dazwischen liegt die **Normalperspektive** (3), wenn wir uns auf Augenhöhe mit den Figuren befinden.

Während man gemäßigte **Untersichten** (2) oder **Aufsichten** (4) schon vor *Citizen Kane* im Kino sah, gilt dessen Regisseur Orson Welles als Erfinder des kreativen Kamerakippens. Vor *Citizen Kane* dienten die Perspektiven insbesondere zur Vermittlung figuraler Blickrichtungen, nach *Citizen Kane* verschiebt sich alles in eine Dimension der **Machtverhältnisse**. Es geht bei Orson Welles weniger darum, wer wohin schaut, sondern wie das Publikum die porträtierten Figuren wahrnimmt, ob diese dem Zuschauerblick unter- oder überlegen sind.

Studieren wir dafür Orson Welles' *Le procès* (1962) genauer, dann sehen wir den Protagonisten Josef K. (Anthony Perkins), der eines Morgens verhaftet und von zwei Wächtern und drei Beamten umstellt wird. Es ist ersichtlich, dass K. die übrigen an körperlicher Größe überragt, trotzdem macht die Perspektive aus ihm eine Nichtigkeit. Während K. in der einen Einstellung (A) lächelnd behauptet, er sei sich keines Vergehens bewusst, das müsse alles ein Irrtum sein, wechselt das Bild plötzlich auf die Beamten Rabensteiner, Kullich und Kaminer, die aus einer

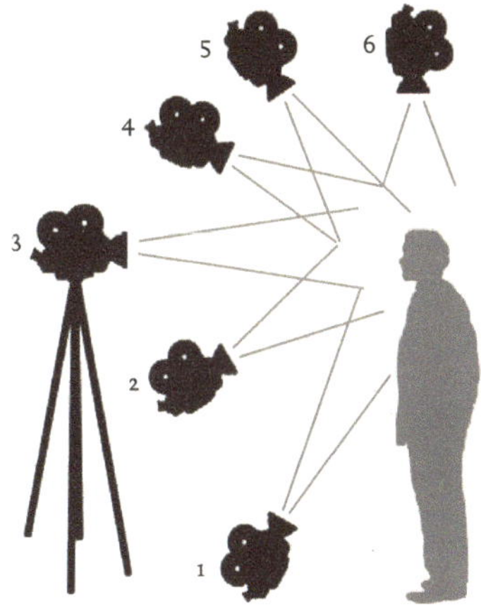

Abb. 20: Die Kameraperspektiven mit der Silhouette von Orson Welles. Nach: Michael Klant / Raphael Spielmann, *Grundkurs Film 1*, Braunschweig 2016, S. 100

Untersicht gefilmt werden (B). Auf wen blicken die drei Herren herab? Die Montage suggeriert, dass es Josef K. ist, aber die Perspektive widerspricht jeder Logik der Körpergrößen. Was bleibt, ist die Logik der Macht. Orson Welles zeichnet hier keine Blickrichtungen nach. Er lässt uns vielmehr die Unterlegenheit K.s spüren, indem das Publikum die Position des Verhafteten einnimmt und damit vom Voyeur zum Beobachteten wird. Das passt augenscheinlich zur literarischen Vorlage des Films, Franz Kafkas Romanfragment *Der Process* (Erstausgabe postum 1925). Niemand fühlt sich nämlich in Kafkas rätselhaften Text(en) ohnmächtiger als der Leser selbst.

Neben der Vertikalen kann man die Kamera auch horizontal kippen, was zu einer **Schrägsicht** (engl. *dutch angle*) führt. Historisch aus dem expressionistischen deutschen Film der 1920er Jahre entstiegen, vermitteln schiefe Ansichten einen buchstäblich schrägen Blick. Dieser versinnlicht die verschobene Wahrnehmung einer Figur (Trunkenheit, Drogenrausch

A

B

Abb. 21: Die Einstellungen A und B aus Orson Welles' *Le procès* (1962; A: 9:50, B: 9:52)

usw.) oder lässt die filmische Welt insgesamt als grotesk, verzerrt erscheinen. Das horizontale Kippen widerspricht damit den natürlichen Sehgewohnheiten.

Das ist nah verwandt mit einem filmischen Stilmittel, das theoretisch zwischen den Kameraperspektiven und deren Bewegungen liegt, mit beiden gekoppelt werden kann und in der Montage als Point-of-View-Shot gilt: Es ist die subjektive Kamera. Sie ahmt den **Blick einer Figur** nach, indem das Publikum durch deren Augen zu schauen scheint. In *The Hurt Locker* (2008) von Kathryn Bigelow, die für ihren Film bis dato als erste und einzige Frau den Regie-Oscar erhalten hat, springt das Bild mehrmals in die Schutzhelme der Bombenentschärfer. Wir hören deren schweren Atem, hauchen beinahe selbst ans Visier, und vor allem nehmen wir die eingeschränkte Sicht der Soldaten wahr, so dass der Weg zur Bombe kein rein figuraler ist. Das Publikum geht mit. Erzählerisch noch perfider setzt die Regisseurin die subjektive Kamera in *Strange Days* (1995) ein. Dort, in diesem dystopischen Los Angeles der Jahrtausendwende, labt sich die Menschheit an sogenannten Clips. Das sind Erlebnisse anderer, die man via Headset nachempfinden kann. Alle diese Szenen erscheinen durch die subjektive Kamera. Wenn sich also eine Figur das Headset anschnallt, in die virtuelle Gefühlsrealität abtaucht und einem Süchtigen gleich das zuvor Abgespeicherte auskostet, dann ist sie nicht allein, weil auch das Publikum filmsprachlich in die Trance des Drogenrausches gezogen wird.

3.3.3 Kamerabewegungen

Downtown L. A., die Kamera schwenkt ruhig über eine Stadtkarte, dann über den Rücken eines Mannes, der noch ruhiger in einem Hotelzimmer telefoniert und seinem Gesprächspartner die Modalitäten seiner Dienste erklärt. Der Mann ist der Driver, der Fahrer. Draußen blinkt ein rotes Licht in der Nacht, drinnen schimmert es matt und gelb durch einen Lampenschirm, und die Kamera schwenkt weiter, schwenkt über einen Fernseher, in dem ein Basketballspiel zwischen den L.A. Lakers und den Toronto Raptors läuft, macht schließlich halt bei einer Tasche, die kurz danach vom Driver, der das Gespräch abrupt beendet hat, aus dem Bild getragen wird, das selbst in ein Fenster zoomt, in die Downtown. Szenenwechsel: Wir haben das Hotelzimmer verlassen und fliegen auf die beleuchteten Wolkenkratzer der Stadt der Engel zu, schwerelos, wie auf geschmeidigen Flügeln, um plötzlich in einem Chevy Impala zu sitzen. Ein Mann fährt uns durch die Stadt. Es ist der Driver. Dann hält das Auto. Zwei Vermummte blicken kurz zu ihm, gehen vorüber, und die Kamera schwenkt den beiden nach, wie sie in ein Fabrikgebäude einbrechen. Der Driver bleibt ruhig – so ruhig wie beim Telefonat. Und die Kamera bewegt sich kaum. Wir sitzen im Chevy und warten auf die beiden Räuber, hören den Polizeifunk, hören Radio und den Kommentator des Basketballspiels, hören die Sirenen. Der Driver bleibt ruhig. Die Hölle wird erst später losbrechen. Nachdem die beiden Räuber zurück im Auto sind und wir einige Straßenkreuzungen unbemerkt überquert haben, erfasst uns der Suchscheinwerfer eines Polizeihelikopters, und der Driver drückt aufs Gas. Jetzt nimmt nicht nur er Fahrt auf, auch die Kamera kommt in Bewegung, und wir fahren mit. Es sind kurze Eruptionen der Geschwindigkeit. Einspritzer von Adrenalin! Es sind die ersten Minuten aus *Drive* (2011) von Nicolas Winding Refn mit Ryan Gosling in der Hauptrolle.

Drive, dessen Titel bereits vor Bewegung strotzt, ist der Film all derer, die sich nach Stil und kinetischer Kraft im Kino sehnen. Es werden dabei vier Arten der Kamerabewegung unterschieden: **Kameraschwenk**, **Kamerafahrt**, **Handkamera/**

Steadicam und **Zoom**. Während der Zoom eine vorgetäuschte Bewegung ist, da nur die Brennweite des Objektivs verstellt wird, ist die Kamera bei allen anderen Arten tatsächlich in Bewegung. Beim Schwenk verlässt sie zwar ihren Standort nicht, bewegt sich aber langsam oder schnell (Reißschwenk) um eine vertikale, horizontale oder diagonale Achse. Der Unterschied zwischen der Fahrt und der Handkamera/Steadicam ist der Träger: Bei Letzterem ist es der Mensch, der die Kamera entweder per Hand (verwackeltes Bild) oder mittels Tragestativ (stabiles Bild) trägt. Bei der Fahrt hingegen befindet sich die Kamera an einem Trägersystem (Schienenwagen, Kran, Dolly, Helikopter, Drohnen usw.). Bemerkt werden muss, dass auch die Nicht-Bewegung, also die **Ruhe der Kamera**, ein Stilmittel sein kann. So bewegt der japanische Regisseur Yasujirō Ozu (1903–1963) in den 136 Minuten von *Tōkyō monogatari* (*Die Reise nach Tokyo*, 1953) die Kamera genau zweimal; ansonsten steht der Kader still.

Je nach Kamerabewegung unterscheidet sich wiederum die **Wirkung des Bilderflusses** auf das Publikum. Michael Ballhaus (1935–2017), einer der innovativsten Kameraleute, sagt dazu: »With movement you can express a lot of things. Sometimes, motion is emotion.«[39] Bewegung ist Gefühl, oder wir fühlen die bewegte Kamera. Bezogen auf die beschriebenen Szenen aus *Drive* lässt sich erkennen, dass der Kameraschwenk zur ruhigen, stimmungsvollen Beobachtung (des Hotelzimmers) eingesetzt wird, wobei sein schneller Zwilling, der Reißschwenk, einen abrupten Blickwechsel nachahmt. Der Zoom fokussiert dagegen ein Objekt (z. B. die Downtown von L. A.), zieht es förmlich zum Publikum oder stößt es von die-

39 Michael Ballhaus, zit. nach: Mike Goodridge / Tim Grierson, *Cinematography*, Lewes 2012, S. 32.

sem weg; in beiden Fällen ist das Fokussierte zentral für die Einstellung und generiert Aufmerksamkeit. Die gleitende Bewegung in das Bild hinein bewirkt des Öfteren ein Eintauchen in die Gedankensphäre einer fokussierten Figur; wir zoomen aufs Gesicht und bemerken, dass die Figur denkt. Bewegter sind die **Kamerafahrten**. Sie übertragen die kinetische Kraft direkt aufs Publikum, wenn die Objekte an uns vorbei oder wir auf diese frontal zurasen. Wir spüren die Geschwindigkeit, wir gehen, fahren oder fliegen mit. In *Drive* gibt es mehrere Verfolgungsjagden, und erst die bewegte Kamera lässt das Publikum daran teilhaben. Moderner und eleganter ist nur die Steadicam.

Während die **Handkamera** für ein verwackeltes Bild sorgt, das in Kombination mit der subjektiven Kamera meistens Hektik und Unruhe ausdrückt, gleitet die **Steadicam** ruhig (engl. *steady*) durch den Raum. Erst in den 1970er Jahren erfunden, bietet das ausgefederte, Erschütterungen abfangende **Tragestativ** ein stabiles Bild bei gleichzeitiger Bewegung. Im Gegensatz zu den Fahrten, deren Trägersysteme viel Platz in Anspruch nehmen, kann die Steadicam in den engsten Räumen eingesetzt werden. Und kein Raum ist enger als das »Overlook Hotel« in Stanley Kubricks Horrorfilm *The Shining* (1980). Wenn wir Danny Torrance (Danny Lloyd) durch die Gänge des verwunschenen Hotels folgen, wenn er mit seinem Plastikdreirad um die Ecken fährt und Bahnen in den labyrinthischen Teppich gräbt, dann rennt in Wahrheit ein Kameramann hinter ihm her. Es ist Garrett Brown, der Erfinder der Steadicam. Kein Wackeln begleitet indes das Rennen, kein Rüttler schüttelt uns aus der Illusion, vielmehr führt diese Art der Bewegung zu einer Sogwirkung. Die Steadicam lockt das Publikum in die Geschichte. Halb zieht sie uns in das Geschehen, halb sinken wir zu diesem hin.

Wenn die Einstellungsgrößen für die Informationsvermitt-

Abb. 22: Das Steadicam-System. In: James Monaco, *Film verstehen. Kunst, Technik, Sprache, Geschichte und Theorie des Films und der Neuen Medien*, hrsg. von Hans-Michael Bock, Reinbek b. Hamburg: Rowohlt Taschenbuch Verlag, [2]2012, S. 100

lung stehen und die Kameraperspektiven vor allem Machtverhältnisse ausdrücken, dann erweitern die **Kamerabewegungen** den filmischen Raum, und es strömt **kinetische Kraft** ins Kino.

3.4 Effekte

An der Scharnierstelle der Effektgeschichte, dort, wo der Computer und mit ihm die digitalen Bilder in die Filmsprache eindringen, entstehen entgegen allen Erwartungen keine futuristischen Werke, sondern Giganten aus den analogen Urzeiten unseres Planeten. Es sind die Dinosaurier aus *Jurassic Park* (1993). Zwar wurde CGI (engl. *Computer Generated Imagery*) bereits früher eingesetzt, aber erst Steven Spielberg und dessen visuelle Wiederbelebung einer ausgestorbenen Spezies öffnete den Filmemachern und dem Publikum die Augen, welche

Möglichkeiten mit dem Einsatz von Computern offenstehen. Wenn sich also im Film das Tor zum Prähistorischen öffnet, wenn wir gefühlt Abermillionen von Jahren zurückreisen und den Spruch »Welcome to Jurassic Park« hören, dann fahren nicht nur die Protagonisten in eine neue Welt, auch die Filmsprache überschreitet die Grenze in ein neues Zeitalter. Es ist die Grenze zur **digitalen Revolution**.

Die Effektgeschichte hat indes einen stolzen Stammbaum, und die Wurzeln reichen bis in die Anfangszeit des Kinos zurück. Während die Effekte im 19. Jahrhundert vor allem als Attraktion (engl. *cinema of attractions*) eingesetzt wurden, um das Publikum für das neue Medium zu begeistern, sollten sie heute nicht zum Selbstzweck, sondern zur Unterstützung der Filmerzählung dienen. Grundsätzlich können dabei zwei Arten unterschieden werden: Die **Spezialeffekte** (SFX) und die **visuellen Effekte** (VFX).

Infobox: Effekte

Visuelle Effekte sind Bildaspekte, die in der **Nachproduktion** dem Film hinzugefügt werden, heutzutage meist digital per Computer. Auf der anderen Seite sind die **Spezialeffekte** Teil der Mise en Scène und werden während der **Dreharbeiten** direkt am Set produziert. Beide Arten haben dafür ein gemeinsames Ziel: Sie sollen nicht als künstlich wahrgenommen werden, sondern glaubhaft wirken. Denn die besten Effekte sind diejenigen, bei denen man nicht bemerkt, dass sie Effekte sind.

Um in der Analyse die Spezialeffekte von den visuellen Effekten zu unterscheiden, gibt es eine einfache Methode: Wir müssen uns fragen, ob die Schauspielerinnen und Schauspieler den jeweiligen Effekt bei ihrer Arbeit wahrnehmen oder nicht. Falls sie dies tun, dann ist es in der Regel ein Spezialeffekt, wenn nicht, befinden wir uns im Bereich der visuellen Effekte.

Am weitesten verbreitet ist bei Letzteren das **Greenscreen-/Bluescreen-Verfahren**, bei dem die Schauspielerinnen und Schauspieler vor einer grünen (oder blauen) Wand agieren, die in der Nachproduktion entfernt und durch einen digitalen Hintergrund ersetzt wird. Das hält nicht nur die Kosten tief, es ermöglicht den Filmemachern auch Szenen, von denen sie zuvor nur träumen konnten. Es ist daher kein Zufall, dass seit dem Jahr 2000 das ins Kino kommt, was ehemals als unverfilmbar galt, insbesondere im Bereich des Fantasy- und Superheldenfilms.

Beim **Motion** und **Performance Capture** werden selbst die Schauspielerinnen und Schauspieler wegretuschiert, weil für den Film nur ihre Bewegung bzw. Mimik verwendet und einer digitalen Figur verliehen wird. So entstand beispielsweise die Kreatur Gollum (Andy Serkis) aus der Trilogie *The Lord of the Rings* (2001–03). Visuelle Effekte sind aber kein Phänomen unserer Zeit. Der analoge Vorläufer zum Greenscreen war die **Rückprojektion**, bei der das Schauspiel vor einer Leinwand stattfand, auf die von hinten ein bereits zuvor gedrehtes Setting projiziert wurde. Für die Erweckung unbeweglicher Motive wurde zudem **Stop-Motion** eingesetzt; dabei entsteht die Bewegung durch das Aneinanderreihen von Einzelbildern. Daneben existierte das **Matte Painting**, eine gemalte Kulisse. Früher wurden diese Kulissen wie Gemälde hergestellt, anschließend gefilmt und nachträglich ins Bild kopiert, heute entstehen sie gänzlich am Computer (engl. *compositing shot*). Die Zeiten überdauert hat auch der letzte visuelle Effekt, das **Modell**. Hier wird ein Teil der Mise en Scène als Miniatur gebaut und derart in den Film gelegt, dass seine ursprüngliche Größe nicht ersichtlich ist und durch eine clevere Montage verschleiert wird.

So kreuzt die Nautilus, das fantastische U-Boot-Ungeheuer von Captain Nemo aus dem Film *20,000 Leagues Under the Sea* (*20.000 Meilen unter dem Meer*, 1954), lediglich als ein Modell (ca. 3,6 Meter) durch die Untiefen des Ozeans, der in Wahrheit ein seichtes Wasserbecken ist – aber die Wahrheit interessiert bei einem Effekt niemanden.

Wenden wir uns den Spezialeffekten zu, dreht sich alles um die Produktion am Filmset. Das beginnt bei relativ einfachen Tricks, wie zum Beispiel den **Wettereffekten** (Kunstregen, Blitzlichter, Windmaschinen usw.), und endet bei hochkomplexen Robotersystemen, den sogenannten **Animatroniks**. Das sind mechanisch, pneumatisch oder elektronisch gesteuerte Figuren, die als Mensch, Tier oder fremdes Wesen auftreten. Außer im Film treffen wir diese in zahlreichen Vergnügungsparks an, deren Stuntshows genauso wie der Film auf exzessive **Pyrotechnik** (Feuer, Explosionen, Rauch, Nebel usw.) setzen. Zum Bereich der Spezialeffekte werden auch aufwendige **Schminktechniken** (Masken) gezählt, und das eindrücklichste Beispiel stammt aus *An American Werewolf In London (American Werewolf*, 1981). Als der ins Krankenhaus eingewiesene Rucksackreisende David (David Naughton) versucht sein Frühstück zu essen, taucht am Krankenbett plötzlich sein von einem Werwolf zerfetzter Freund Jack (Griffin Dunne) auf. Im Making-of *Beware the Moon* (2009) spricht der Schauspieler offen darüber, dass ihn die Maske depressiv gemacht habe und seine Mutter ihn so nicht hätte sehen dürfen, weil er wie ein Toter aussah. Auf der anderen Seite berichtet der Maskenbildner Rick Baker mit einem verschmitzten Lächeln, wie er die verschiedenen Schichten des Todes mehrstündig und genüsslich aufgetragen habe, bis am Ende ein blutverschmierter Vorhang an Hautfetzen herunterhing.

Weniger blutig, aber ähnlich überzeugend wirken die Effekte

Abb. 23: Die Maske des Todes (SFX) aus *An American Werewolf In London* (1981; 32:20)

aus dem ersten *Jurassic Park*, und zwar bis zum heutigen Tag. Das ist darauf zurückzuführen, dass sie eine Mischung aus beiden Effektwelten sind. Dennis Murens computergenerierte und Stan Winstons (1946–2008) animatronische Dinosaurier tun sich zusammen, um die Illusion einer prähistorischen Welt zu erwecken. Am schönsten zeigt sich dies beim Ausbruch des Tyrannosaurus Rex, der besten Sequenz des Films. Wenige wissen, dass dafür fast der gesamte Körper des T-Rex lebensgroß nachgebaut und mit einem elektronisch steuerbaren Endoskelett versehen wurde. Wann immer wir den T-Rex partiell, also nicht in vollem Ausmaß, sondern in Nahaufnahmen sehen, ist es der Roboter. Erst wenn das Bild zurückfährt und der T-Rex gänzlich auftritt, wechseln wir zum Computergenerierten. Der Übergang ist dank der Montage derart fließend, dass wir ihn kaum wahrnehmen – und so sollte es sein. Das ist die Magie des (Effekt-)Kinos.

Abb. 24: Dennis Murens computergenerierter (VFX) Dinosaurier aus *Jurassic Park* (1993; 1:01:41)

Merkbox: Analyse des Visuellen

Bei der visuellen Ebene (Bild) müssen folgende Aspekte des filmischen Textes analysiert werden:

- **Mise en Scène:** Welches Setting (Szenenbilder, *on location*), welche Requisiten sind typisch für die Bilderzählung? Gibt es ein spezielles licht-/farbdramaturgisches Muster? Was erfahren wir durch das Schauspiel (Fokus: nonverbale Kommunikation) über die Figuren? Inwiefern charakterisieren Kostüme und Make-up die Figuren?
- **Mise en Cadre:** Orientiert sich die Bildkomposition (Einstellungsgrößen, Kameraperspektiven, Kamerabewegungen) an einem speziellen Stil?
- **Effekte:** Dominieren Spezialeffekte (SFX) oder visuelle Effekte (VFX) das Bildgeschehen?

4 Analyse des Auditiven

4.1 Allgemeine Gedanken

Am 28. Dezember des Jahres 1895, einem frostigen Samstagabend in Paris, setzt sich beim Boulevard des Capucines ein Pianist ans Klavier des »Grand Café«. Viele Zuhörer haben sich nicht im »Salon Indien« eingefunden, aber zum Hören sind sie auch nicht gekommen. Den einen Franc Eintrittsgeld haben die 35 Interessierten für eine Vorführung des **Kinematographen** ausgegeben, den die Brüder Louis (1864–1948) und Auguste Lumière (1862–1954) im Café aufgestellt haben, um der Welt zum ersten Mal elf Filme zu zeigen. Was dann auf der Leinwand flackerte, waren alltägliche Szenen, jeweils kaum eine Minute lang und ohne Ton. Trotzdem erfüllte Musik den Salon, weil der Pianist die Bilder mit seiner Kunst untermalte. Der Film war also nie wirklich stumm. »Zwar lässt die Quellenlage kein lückenloses Bild der Gründerzeit des Films zu, jedoch spricht vieles dafür, dass kaum ein früher Stummfilm in Europa und Amerika ohne musikalische Begleitung gezeigt wurde.«[40] Die öffentliche Geburtsstunde des Films war damit kein rein visuelles, sondern auch ein akustisches, ein auditives Erlebnis.

Warum sich die Musik bereits seit diesen Anfängen mit dem Film paarte, darüber streiten sich die Geister. Die einen behaupten, das Klavier habe den Lärm der Projektoren übertönen sollen. Andere sind davon überzeugt, dass stumme Bilder einen gespenstischen Eindruck auf die Zuschauer hinterlassen hätten, und so sei die Musik zur Eliminierung dieser Angst eingesetzt worden. Angst soll aber trotz des Pianisten im »Salon

40 Anselm C. Kreuzer, *Filmmusik; Geschichte und Analyse*, Frankfurt a. M. 2003, S. 19.

Indien« ausgebrochen sein. Denn einer der elf Filme trug den Titel *L'Arrivée d'un train en gare de La Ciotat* (1895) und zeigte einen Zug, der knapp an der Kamera und somit auch scheinbar knapp an den Köpfen der Zuschauer vorbeischnaubte. Ob das Publikum deswegen tatsächlich in Panik geriet, sich hinter den Sitzbänken versteckte und gar mit angstverzerrten Gesichtern aus dem Salon stürzte, ist historisch fragwürdig, trotzdem bleibt eine Feststellung im Raum: Das neue Medium ist auf eine alte Sehgewohnheit getroffen.

Man darf sogar argumentieren, dass der Effekt des vorbeifahrenden Zuges um einiges furchteinflößender gewesen wäre, hätte nicht nur ein Pianist, sondern der Ton bzw. das Geräusch der schnaubenden Lokomotive die Bilder begleitet. Es war wohl das Glück des damaligen Publikums, dass der **Tonfilm** erst 1927 mit dem US-Streifen *The Jazz Singer* seinen kommerziellen Durchbruch feierte, als der Hauptdarsteller Al Jolson (1886–1950) mit seinem improvisierten Spruch »you ain't heard nothin' yet« den Anbruch der neuen Zeit in Worte fasste. In Feierstimmung waren aber nicht alle Filmschaffenden. So halten die russischen Regisseure Eisenstein, Pudowkin und Alexandrow in ihrem *Manifest zum Tonfilm* (1928) skeptisch fest, dass die alten Träume vom Tonfilm Wirklichkeit geworden sind. »Amerikaner haben die Technik des tönenden Films erschlossen und die erste Stufe seiner baldigen Verwirklichung erreicht. Deutschland arbeitet intensiv in derselben Richtung. Die ganze Welt spricht heute davon, daß der große Stumme redet«.[41] Der »große Stumme«, das ist oder war der Film, aber nach Meinung der Russen liegt seine Größe nicht im

41 Sergej M. Eisenstein / Wsewolod I. Pudowkin / Grigorij W. Alexandrow, »Achtung! Goldgrube!«, in: *Lichtbildbühne Berlin*, Nr. 181, 28.7.1928, S. 8 f.

Ton, sondern in der Montage. Die Revolution war indes nicht aufzuhalten. Der Film hat sprechen gelernt.

Ab 1927 unterscheiden wir daher drei Aspekte der auditiven Ebene: Die **Musik** (engl. *score*), das **Geräusch** (engl. *sound*) und die gesprochene **Sprache**. Alle Elemente können dabei zur Erzählwelt gehören (**diegetisch**) oder fern dieser, also für die Figuren unhörbar, sein (**extradiegetisch**). Des Weiteren muss beim Diegetischen beachtet werden, ob die Quelle der Erzeugung auf dem Bild zu sehen ist (**On-Ton**) oder nicht (**Off-Ton**). Zu guter Letzt haben alle drei eine spezielle Beziehung zur Angst, und das hängt weniger mit Lokomotiven oder Gespenstern zusammen, sondern mit Physik. Erst durch die auditive Ebene wird das Kino zum physikalischen Raum. Erst mit dem Ton dringt der Film in den Raum vor. Vor dem Bild können wir fliehen, indem wir die Augen schließen, aber selbst das taubste Ohr nützt nichts gegen die Vibrationen des Schalls und dessen durchdringende Kraft. »Auf vielfache Weise sind wir dem Ton gegenüber verletzlicher als visuellen Wahrnehmungen – dies macht sich der Horrorfilm zunutze, in dem Töne häufig eine unsichtbare Bedrohung evozieren können, weil wir ihren Ursprung im Raum nicht lokalisieren können und auch die Bestimmung und Identifikation von Tönen uns oft schwer fällt.«[42] Im Auditorium liegt die Heimat des Unheimlichen. Wer jemals einen Horrorfilm ohne Ton geschaut hat, weiß, wovon hier gesprochen wird – obwohl auch die **Stille** ein Stilmittel sein kann. Leibhaftig wird der Film aber erst durch den Einsatz der auditiven Ebene, weil mit ihr der akustische Körper entsteht.

42 Thomas Elsaesser / Malte Hagener, *Filmtheorie*, Hamburg 2013, S. 173.

4.2 Musik

Die Musik wird gemeinhin als **Göttin der Künste** bezeichnet, selbst der Dichter Johann Wolfgang Goethe (1749–1832) anerkannte dies zähneknirschend. Er glaubte in ihr das Wirken der Einbildungskraft im freien Spiel zu fühlen, weil Musik »auf uns selbst spiel[t], uns in uns selbst beweg[t], und zwar so, daß wir vergessen, daß etwas außer uns sei, das diese Bewegung hervorbringt«.[43] Wir glauben also in uns den unbewegten Beweger zu erkennen, obwohl wir von außen stimuliert worden sind. Dass sowohl bei Goethe als auch bei vielen Filmschaffenden das Auditive mit dem Innersten in Bezug gesetzt wird, überrascht nicht. Wenn Komponisten oder Regisseure über ihre Zusammenarbeit sprechen, dann zeigt sich vor allem: Die Musik wird als emotionales Bindeglied zwischen Film(bildern) und Publikum angesehen. In der Dokumentation *Score* (2018) fällt dafür der sympathische Begriff *emotion lotion* – die Musik als **Gefühlscrème**. Das ist zwar nicht deren einzige Wirkung, aber sicherlich die prominenteste.

Um nun die musikalische Wirkung im Film beurteilen zu können, muss man sich vor allem Gedanken zur **Bild-Ton-Beziehung** machen. Die theoretische Grundlage dazu liefert der Schweizer Musikwissenschaftler Hansjörg Pauli (1931–2007) mit seiner vielbeachteten und ebenso oft kritisierten Theorie von **Paraphrasierung**, **Polarisierung** und **Kontrapunktierung**. Trotz aller Kritik »erweist sich Paulis triadisches Modell zur Beschreibung der Beziehung zwischen Einzelbild bzw. einer einzelnen Kameraeinstellung und Musik als sehr griffig, so daß es, bei vorsichtiger Korrektur [...], durchaus brauchbar

43 Johann Wolfgang Goethe, *Unterhaltung deutscher Ausgewanderten*, zit. nach: J. W. G., *Werke. Hamburger Ausgabe*, Bd. 6, München 2000, S. 209.

ist.«[44] Ein Problem bei Paulis Triade ist, dass sie nicht alle Wirkungen der Filmmusik abdecken kann. Wenn zum Beispiel beim Showdown von *Il buono, il brutto, il cattivo* (*Zwei glorreiche Halunken*, 1966) eine Schaufel durchs Bild fliegt und gleichzeitig ein musikalisches Motiv von fünf Flötentönen erklingt, dann wissen die Zuschauer, dass der Blonde (Clint Eastwood) die Schaufel geworfen hat, weil er während des gesamten Films mit diesem musikalischen Motiv charakterisiert worden ist; es erinnert an seinen geschmeidigen, katzenhaften Gang. Und wenn in *C'era una volta il West* (*Spiel mir das Lied vom Tod*, 1968) die Mundharmonika spielt, dann kann der gleichnamige Protagonist (Charles Bronson) nicht fern sein. Würde man Paulis Theorie auf obige Beispiele anwenden, wäre die Beziehung zwischen Bild und Ton unklar. Obschon die Musik die Figuren von Clint Eastwood oder Charles Bronson repräsentiert, sind diese (noch) nicht im Bild zu sehen. Neben den oben genannten Begriffen wird daher ein weiterer vorgeschlagen, und zwar die **Charakterisierung**, um Paulis Modell vorsichtig zu korrigieren.

Zusätzlich darf nicht vergessen werden, dass wir nie einzelne Bilder betrachten, sondern Einstellungen im **Kontext der Geschichte** wahrnehmen. Darauf weist bereits Pauli hin: »Filmbilder sind ja selten absolut homogen. Sie zeigen Menschen und Dinge, die zu einem bestimmten Zeitpunkt an einem bestimmten Ort sich zueinander in bestimmter Weise verhalten. Zum Bildinhalt gehören also die Menschen, die Dinge, die Verhältnisse, der Zeitpunkt und der Ort.«[45] In anderen Worten:

44 Claudia Bullerjahn, *Grundlagen der Wirkung von Filmmusik*, Augsburg 2016, S. 38.

45 Hansjörg Pauli, »Filmmusik. Ein historisch-kritischer Abriß«, in: *Musik in den Massenmedien Rundfunk und Fernsehen*, hrsg. von Hans Christian Schmidt, Mainz 1976, S. 105.

Infobox: Musik

BEZIEHUNG ZWISCHEN MUSIK UND BILD-ERZÄHLUNG	**Paraphrasierung** [Musik = Bilder] Die Musik entspricht der Bilderzählung.	**Polarisierung** [Musik ≈ Bilder] Die Musik färbt die Bilderzählung mit eine Stimmung ein.
WIRKUNG DER FILM-MUSIK	Weil sich die Musik parallel zur Bilderzählung bewegt, diese verdoppelt und musikalisch illustriert, erfährt der Zuschauer grundsätzlich eine **intensivere Wahrnehmung** des Dargestellten.	Weil die Musik eine Atmosphäre erzeugt, di durch die Bilderzählung allein nicht gegeben ist, erhält der Zuschauer ei **tieferes Stimmungsbild** des Dargestellten.
FUNKTION / INTENDIERTE WIRKUNG	Das Publikum soll durch die Musik figurale Gefühle mitempfinden, Räume und Zeiten versinnlicht bekommen, Handlungen miterleben, Schnitte nachvollziehen können; die Bilderzählung soll verstärkt, unterstützt werden.	Das Publikum soll durc die Musik stimuliert, ga manipuliert werden, u seelische Vorgänge der Figuren erhören und de Subtext, also nicht gänzlich Sichtbares, erfahren zu können; die Bilderzä lung soll mit einer Stimmung ergänzt werden.
KOMPOSITIONS-TECHNIK	**Underscoring / Mickey Mousing** (deskriptive Technik) oder **Mood-Technik**	**Mood-Technik**

Kontrapunktierung [Musik ≠ Bilder]	Charakterisierung [Musik & Bilder]
Die Musik widerspricht der Bilderzählung.	Zwischen der Musik und der Bilderzählung wird eine Beziehung aufgebaut.
Wenn sich Musik und Bilderzählung widersprechen, führt dies zu einer Störung der normalen Seh- und Hörgewohnheiten, was beim Zuschauer zu **Verunsicherung und Hinterfragung** des Dargestellten führt.	Dieselbe Musik oder eine leichte Variation derselben erklingt bei wiederkehrenden Figuren, Gegenständen, Orten usw. und entwickelt Elemente der Bilderzählung mit einem musikalischen Motiv, was beim Zuschauer **Orientierung und Wiedererkennung** im Dargestellten fördert.
Das Publikum soll durch die Musik irritiert und zu einer Stellungnahme herausgefordert werden; die Bilderzählung soll kommentiert werden.	Das Publikum soll durch die Musik an Figuren, Gegenstände, Orte usw. gebunden, erinnert werden, oder es kann deren Auftreten antizipieren; die Bilderzählung soll musikalisch charakterisiert und verkörpert werden.
Mood-Technik	**Leitmotiv-Technik**

Ohne die Einbettung der Musik in die Erzählelemente, insbesondere in die jeweilige dramaturgische Situation, lässt sich keine Beziehung erörtern. Der Kontext ist fundamental wichtig. Somit ist es genau genommen eine **Bilderzählung-Ton-Beziehung**, die wir analysieren müssen, weil alles im Rahmen der Dramaturgie wirkt.

4.2.1 Paraphrasierung

Als paraphrasierend wird Musik bezeichnet, wenn sich ihr Wesen direkt aus demjenigen der Bilder ableitet; die Musik entspricht der Bilderzählung.

Die Wirkung dabei ist frappant: Weil sich die Musik parallel zur Bilderzählung bewegt, diese verdoppelt und musikalisch illustriert, erfährt der Zuschauer grundsätzlich eine **intensivere Wahrnehmung** des Dargestellten. Im Klassiker *King Kong* (1933) untermalt zum Beispiel Max Steiner (1888–1971) viele Szenen paraphrasierend. So erklingen warme, romantische Streicher beim ersten Kuss zwischen Jack (Bruce Cabot) und Ann (Fay Wray), dicht gefolgt von eindringlichen Trompeten und Posaunen bei Anns Entführung; die Liebe und der Schrecken erscheinen audiovisuell.

Aus der Perspektive der Filmschaffenden soll demnach das Publikum durch die Musik figurale Gefühle mitempfinden, Handlungen miterleben, sogar Räume und Zeiten versinnlichen oder Schnitte nachvollziehen können. Bei der räumlichen Versinnlichung greift man sehr gerne auf kulturelle Klischees bzw. typische Instrumente zurück, so erklingt der Dudelsack für Schottland, das Alphorn für die Schweiz, ein Akkordeon für Frankreich oder die Sitar für Indien. Das Publikum sieht nicht nur den Raum, es glaubt ihn auch zu hören.

Filmmusik ist also stets funktionale Musik, das heißt, sie bezieht ihren Sinn »nicht aus musikimmanenten Beziehungen, sondern aus ihrem Beitrag zur Gestaltung eines Films.«[46] Und obschon es zwischen der intendierten Wirkung seitens der Filmschaffenden und der Reaktion des Publikums zu Diskrepanzen kommen kann, hat die Musik in der Regel einen erstaunlich überindividuellen, internationalen Charakter. Darauf bauen die Filmschaffenden.

Am wichtigsten dabei ist freilich der Komponist, dem für die Paraphrasierung eine der ältesten Techniken der Filmmusik zur Verfügung steht. Sie stammt vom oben erwähnten Vater der Filmmusik Max Steiner und wird als **Underscoring** oder **deskriptive Technik** bezeichnet. »Unter dieser Kompositionsweise ist zu verstehen, dass die Musik möglichst alle auf der Bildebene sichtbaren Vorkommnisse, Bewegungen und dargestellten Gefühle möglichst synchron mitvollzieht.«[47] Im Extremfall spricht man sogar despektierlich vom **Mickey Mousing**, wenn wie in den Walt Disney Cartoons die Bewegungen der Figuren musikalisch nachgeahmt werden und eine Musikalisierung der Bilder stattfindet. Trotzdem muss das nicht banal sein. In Miloš Formans *Amadeus* (1984) dirigiert Mozart (Tom Hulce) aus dem Totenbett heraus sein *Requiem* und mit jeder Handbewegung vollendet sich für das Publikum hörbar das Musikstück. Es ist das kunstvollste Mickey Mousing der Filmgeschichte. Ein anderes, eher prosaisches Beispiel, bietet der Film *Indiana Jones and the Last Crusade* (*Indiana Jones und der letzte Kreuzzug*, 1989), wenn der junge Indy (River Phoenix) nach seinem Pferd pfeift und bei dessen Antraben versucht aufzuspringen. Beim misslingenden Sprung nach unten erfolgt ei-

46 Georg Maas / Achim Schudack, *Musik und Film – Filmmusik*, Mainz 1994, S. 30.

47 Claudia Bullerjahn, *Das Handbuch der Filmmusik*, hrsg. von Josef Kloppenburg, Laaber 2017, S. 125.

ne hohe, rasch absteigende Tonfolge, die sowohl den Fall als auch das humoristische Moment akustisch versinnlicht. Dass der Komponist John Williams seine Musik grundsätzlich und insbesondere in dieser Anfangssequenz sklavisch ans Bild kettet, ist in zahlreichen Interviews zu hören. Im Making-of zur Indiana-Jones-Trilogie (DVD) erläutert er bezüglich obiger Sequenz, dass er in den ersten vier Minuten 55 *musical syncpoints*, also zum Bild synchronisierte Töne, komponiert habe. Mit derselben Technik arbeitete auch James Horner (1953–2015), der vor allem für seine Musik zu *Braveheart* (1995) und *Titanic* (1997) berühmt geworden ist. Interessanter sind aber seine Erläuterungen zu *Aliens* (1986), weil dort die Arbeit ein Albtraum war, aus dem nicht nur die Beteiligten, sondern auch wir einiges lernen können. Als nämlich Horner nach England kam, um in sechs Wochen die Musik zu schreiben, musste er feststellen, dass die Produktionsphase noch nicht abgeschlossen war. James Cameron, der Regisseur, drehte noch immer Szenen, und somit war der Schnitt unvollendet. Für das Underscoring ist es aber absolut essentiell, dass der Film fertiggeschnitten ist, weil die Musik das Geschehen synchron untermalen muss. Es ist ein musikalischer Teppich, der unter die Bilderzählung gelegt wird. »When it's not edited, […] I can't write anything.« Wenn der Film also nicht geschnitten ist, kann Horner keine Musik schreiben, weil ihm die Bilderabfolge, die er musikalisch unterstützen und verstärken will, fehlt.

Diese Verstärkung kann aber nicht nur das Orchester leisten. Mit den Filmen *The Graduate* (1967) und *Easy Rider* (1969) finden im Kino des **New Hollywood** Ende der 1960er Jahre zeitgenössische Pop- und Rocksongs Eingang in die Filmsprache, was bis heute wirksam ist. Wenn beispielsweise Wyatt (Peter Fonda) und Billy (Dennis Hopper) auf ihren Harleys durch die Prärie fahren, als ob sie Asphaltcowboys auf eisernen Pferden wären, und dazu *Born To Be Wild* von der Band Steppenwolf erklingt, dann sehen und hören wir den Geruch des Wilden Westens. Obwohl also neu eingespielte (Orchester-)Musik bzw. das Underscoring für die Paraphrasierung prädestiniert ist, gibt es zahlreiche weitere Möglichkeiten, um Bild und Ton in Einklang zu bringen.

4.2.2 Polarisierung

Als polarisierend wird Musik bezeichnet, wenn sie das Wesen der Bilder ergänzt und vertieft; die Musik färbt die Bilderzählung mit einer Stimmung ein.

Damit wird eine Atmosphäre erzeugt, die durch die Bilderzählung allein nicht gegeben ist, und so erhält der Zuschauer ein **tieferes Stimmungsbild** des Dargestellten. Wir hören den Subtext. In Stanley Kubricks Horrorfilm *The Shining* (1980) spazieren zum Beispiel Wendy (Shelley Duvall) und Danny Torrance (Danny Lloyd) scheinbar gemütlich durch das Labyrinth des »Overlook Hotels«; die Bedrohung der beiden durch den sie beobachtenden Vater Jack Torrance (Jack Nicholson) erfährt man erst durch die Glissandi in Béla Bartóks unheimlicher *Musik für Streichinstrumente, Schlagzeug und Celesta* (1936).

Im obigen Beispiel erkennen wir, dass die Filmschaffenden das Publikum mit der Musik stimulieren, sogar manipulieren wollen, um ein erwünschtes Gefühl ins Bild und in die Seele der Betrachter zu legen. Wir, die Manipulierten und Stimulierten, sollen etwas fühlen, das zuweilen unsichtbar ist. Insbesondere der Horrorfilm verwendet polarisierende Musik, weil sich damit die Geschichte weniger auf der Bildoberfläche, sondern vielmehr in der Psyche aller Beteiligten abspielt und ins Unendliche des Unbewussten verschoben wird. Polarisierung setzt aber nicht nur der Horrorfilm ein. Die Kraft dieser Musik ermöglicht es, seelische Vorgänge der Figuren erhören und generell nicht gänzlich Sichtbares erfahren zu können.

Für die Polarisierung bietet sich dem Komponisten vor allem die **Mood-Technik** (engl. *mood-technique*) an. Hier werden die Bilder »mit einer Musik unterlegt, die einen eigenen, deutlich expressiven Stimmungsgehalt in Anlehnung an die begleitete Szene zum Ausdruck bringt. Diese Technik wird häufig als Gegenteil von Underscoring bezeichnet, da sie nicht jede einzelne Regung des Bildgeschehens mitgestalte, sondern für eine ganze Szene einen sich stimmigen musikalischen Gehalt transportiere. [...] Zusammenfassend ist unter Mood-Technique eine spezifische Stimmung, eine Atmosphäre, eine stimmungsmäßige Einfärbung mittels Musik einer ganzen Szene zu verstehen [...] ohne auf Details Bezug zu nehmen.«[48] Aus dem soeben Zitierten wird ersichtlich, dass die Mood-Technik auch paraphrasierend sein kann, trotzdem ist sie für die Polarisierung prädestiniert. Bei den Komponisten zeigt sich, dass insbesondere Hans Zimmer mit seiner Arbeitsweise den Unterschied zwischen Mood-Technik und Underscoring verkörpert. Während die klassischen Komponisten (Max Steiner, John Williams, James Horner) auf den fertigen Filmschnitt angewiesen sind, komponiert Zimmer bereits im Voraus. In der NDR/arte-Dokumentation *Hans Zimmer – Der Sound für Hollywood* (2010) erfahren wir, dass Zimmer erst im Nachhinein kontrolliert, ob seine Musik zum Film passt, und aus dieser Position heraus Korrekturen vornimmt. Die alte Methode, bei der man auf den fertigen Schnitt zu warten habe, sei im modernen Kino nicht mehr praktikabel. Weil nun die Mood-Technik Bilddetails ignorieren kann und nur eine Stimmung einfängt, ist Hans

48 Bullerjahn (s. Anm. 47), S. 129.

Zimmer fähig, die Musik im Voraus zu schreiben, sofern er das Thema des Films kennt.

Theoretisch sollte also der Unterschied zwischen Underscoring und Mood-Technik verständlich sein, in der Praxis zeigen sich trotzdem größere Probleme bei der Unterscheidung. Zum Beispiel gilt Alfred Newman mit seiner Filmmusik zu *Das Lied von Bernadette* (1943) als Begründer der Mood-Technik, obwohl seine Partitur eindeutig auf das Bild abgestimmt ist. Es erscheint für die Analyse deshalb einfacher, wenn die Paraphrasierung vor allem der Technik des Underscoring zugerechnet wird, während die Mood-Technik ihre Stärken vornehmlich in der Polarisierung (und Kontrapunktierung) ausspielt, weil dort die Bilder mit einer Stimmung ergänzt werden.

4.2.3 Kontrapunktierung

Als kontrapunktierend wird Musik bezeichnet, wenn sich ihr Wesen zu demjenigen der Bilder konträr verhält; die Musik widerspricht der Bilderzählung.

Dies bewirkt eine Störung der normalen Seh-und-Hörgewohnheiten, was beim Zuschauer zu **Verunsicherung und Hinterfragung** des Dargestellten führt. In David Finchers Thriller *The Girl with the Dragon Tattoo* (2011) erklingt beispielsweise zu einer drastischen Folterszene vom Tonband des Folterers (Stellan Skarsgård) der fröhlich anmutende Enya-Song *Orinoco Flow*; beim Erklingen dieses Liedes ist der Blick des Zuschauers wohl ebenso verwirrt wie derjenige des gefolterten Mikael Blomkvist (Daniel Craig).

Das Publikum soll durch die Musik irritiert und zu einer Stellungnahme herausgefordert werden. Vor allem die russischen Filmpioniere sehen in der **Kontrapunktierung** den einzig sinnvollen Einsatz des Tones. Ihre Bedenken bezüglich der

Paraphrasierung äußern Eisenstein & Co. im bereits zitierten *Manifest*, weil nur eine einfache Neugierde befriedigt werde, falls der Ton mit der Bewegung auf dem Bild genau zusammenfalle und eine gewisse Illusion sprechender Menschen, klingender Gegenstände usw. erzeuge. Sie plädieren dann für das genaue Gegenteil, für die kontrapunktische Ausnützung des Tones. Und spezifisch auf die Filmmusik bezogen, hält Pudowkin in seinem Aufsatz *Asynchronität als Prinzip des Tonfilms* (1934) normativ fest, dass Musik in einem Tonfilm niemals nur begleitenden Charakter haben dürfe, denn sie müsse eine eigenständige Linie verfolgen. Die Kontrapunktierung ist diese Eigenständigkeit, wodurch die Filmillusion zerstört wird.

Da die Zerstörung selten die Intention von Komponisten ist, stammen die meisten Beispiele der Kontrapunktierung nicht aus der Orchesterliteratur, sondern aus bereits existierenden Musikstücken. Wenn in *Watchmen* (2009) das Liebeslied *Unforgettable* von Nat King Cole eingespielt wird, während die Figur Ozymandias (Matthew Goode) mit brachialen Schlägen den Comedian (Jeffrey Dean Morgan) verprügelt, dann muss dies verstörend sein. Ebenso irritiert Louis Armstrongs *What a Wonderful World* in *Good Morning Vietnam* (1987), weil wir ein herzerwärmendes Lied über die Wunder der Welt hören und gleichzeitig die Schrecken des Krieges sehen. Und zumindest fremd wirkt es in *Get Out* (2017), wenn bei der Eröffnungsszene ein schwarzer Passant zum lyrisch boshaften, aber musikalisch heiteren Song *Run Rabbit Run,* gesungen von Flanagan und Allen, erdrosselt wird. Dass in diesen drei Beispielen kein Orchester spielt, schließt aber den Einsatz klassischer Musik nicht aus; für die Kontrapunktierung wird diese einfach selten neu komponiert. In *James Bond – The Spy Who Loved Me* (1977) hören wir zum Beispiel das luftige Air aus Johann Sebastian Bachs 3. Orchestersuite, während der Bösewicht Karl Stromberg (Curd Jürgens) seine Opfer von einem Hai verspeisen lässt. Denselben Musikgeschmack teilt ein anderer Gourmet, und zwar Dr. Hannibal Lecter (Anthony Hopkins) aus *The Silence of the Lambs* (*Das Schweigen der Lämmer*, 1991). Er hört vornehmlich Bachs *Goldberg-Variationen* in der Interpretation Glenn Goulds, anmutige Klavierstücke, um im gleichen Atemzug Menschen zu fressen. Das ist krank. Und genauso krank ist der Einsatz der Musik.

Die kontrapunktische Verschiebung spiegelt eine audiovisuelle Verrücktheit, die Sinne wähnen sich im falschen Film. Durch diese Irritation wird das Publikum zu einem Kommentar herausgefordert, weil sich unser Verstand in allem nach Logik sehnt, selbst oder insbesondere dann, wenn offenkundig keine vorhanden ist. Erst im Nachdenken entsteht deshalb eine logische Beziehung zwischen Bild und Ton, erst durch die Hinterfragung und Kommentierung wird ein möglicher Einklang forciert.

4.2.4 Charakterisierung

Als charakterisierend bezeichnen wir eine Musik, die zentralen Elementen der Bilder einen musikalischen Körper und Charakter verleiht; zwischen der Musik und der Bilderzählung wird eine Beziehung aufgebaut.

Wenn dieselbe Musik oder eine leichte Variation derselben bei wiederkehrenden Figuren, Gegenständen, Orten usw. erklingt, wenn also ein Element der Bilderzählung mit einem musikalischen Motiv charakterisiert, verkörpert und entwickelt wird, dann fördert dies beim Zuschauer **Orientierung und Wiedererkennung**. Selbst bei geschlossenen Augen wissen wir allein durch die Musik, wer oder was auf dem Bild (bald) zu sehen ist. Und diese Wirkung sprengt des Öfteren die

Raumzeit der Filmvorführung, da wir die Melodien in unserem Gehör mit nach Hause nehmen und sie von dort aus im popkulturellen Gedächtnis hängenbleiben. Das beste Beispiel dafür ist sicherlich John Barrys (und Monty Normans) berühmte Komposition für die James-Bond-Filme, zum ersten Mal in *James Bond: Dr. No* (1962) zu hören, als Sean Connery 007 mit den vielzitierten Worten »Bond, James Bond« einführt und ›bestimmt‹. Selbst Filmunkundigen drängt sich beim Erklingen der elektrischen Gitarre der Agent Ihrer Majestät in den Sinn.

Die Absicht der Filmschaffenden ist damit dramaturgisch motiviert. Die Musik (beg)leitet die Bilderzählung, und das Publikum soll musikalisch an Figuren, Gegenstände, Orte usw. gebunden und erinnert werden oder es kann deren Auftreten antizipieren. Auf der anderen Seite lässt sich mit der Erinnerung auch ein lukratives Geschäft machen. Neben *James Bond* sind viele Motive über das Medium Film weltberühmt geworden und aus diesem herausgewachsen.

Verwenden Komponisten sich wiederholende Motive, dann stehen sie in der Tradition der **Leitmotivtechnik**. Ihren Ursprung findet diese in Richard Wagners (1813–1883) Musikdramen, deren filmische Ausläufer sich wiederum bei Max Steiner manifestieren. Steiner setzt in *King Kong* (1933) nicht nur das Underscoring, sondern zum ersten Mal auch Leitmotive ein. »Mit dieser Technik [...] werden die Personen oder Begebenheiten der Handlung vom Komponisten mit markanten musikalischen Figuren versehen; die Beziehung der Motive zum musikalisch Bezeichneten wird im Verlauf des Films gefestigt, und die Motive können in dieser vom Zuschauer gelernten Verbindung innerhalb der filmischen Narration dramaturgische Aufgaben wie Rückverweise oder Antizipationen übernehmen. Dazu gehören auch das Anzeigen von Befindlichkeitsveränderungen und Situationsveränderungen, ohne dass das Gemeinte sichtbar ist.«[49] Im modernen Kino hat sich vor allem Howard Shore als Meister der Leitmotive hervorgetan; seine Scores zur *Herr der Ringe*-Trilogie zeugen davon. Betrachten wir uns den Anfang aus *The Fellowship of the Ring* (2001), dann fällt auf, wie viele Kernmelodien bereits in den ersten Filmminuten platziert werden.[50] Bevor das erste Bild erscheint, hören wir einen schwelgerisch in der Moll-Tonart gehaltenen Chor und die Musik Lothlóriens, denn der Prolog wird von Galadriel (Cate Blanchett), der Herrscherin Lothlóriens, erzählt. Kurz darauf und mit der Einblendung des Filmtitels erfolgt dann das Leitmotiv des Rings, der seine fantastische und mysteriöse Kraft in verspielten Violinen preisgibt. Erst mit dem Ende des Prologs heitert die Stimmung auf, weil wir ins kindlich-naive Auenland eintreten und Bilbo, (Ian Holm), der Hobbit und Bewohner Hobbingens, die Ringerzählung von Galadriel übernimmt. Mit ihm folgt auch die fröhliche Musik der Hobbits und des Auenlandes, wo wir indes nur kurz verweilen, weil rasch Platz geschaffen wird für die zweite Titeleinblendung und die wichtigste Melodie des Films. Es ertönt das Markenzeichen der gesamten Trilogie, der musikalische Körper der Helden und die Erhabenheit in Notenform: das Leitmotiv der Gefährten.

Bemerkenswert dabei ist, dass diese Melodie mehreren Variationen (Instrumentation, Tempo) unterworfen ist, sich der Erzählung anpasst und zunächst nur fragmentarisch auftaucht. In seiner vollständigen Pracht und in voller Orchestrierung erklingt das Leitmotiv erst, als die Gefährten zum ersten Mal in Bruchtal zusammenkommen und Elrond (Hugo Weaving) den Bund mit den Worten besiegelt: »Neun Gefährten.

49 Bullerjahn (s. Anm. 47), S. 130.

50 Auf Youtube existiert eine superbe Analyse der Leitmotive mit dem Titel *How Music Elevates Story*: https://www.youtube.com/watch?v=e7BkmF8CJpQ(Nerdwriter1) [28.2.2019].

So sei es, ihr bildet die Gemeinschaft des Rings.« Umso tragischer ist es dann, wenn am Ende des Films die Gemeinschaft auseinanderbricht und mit ihr auch die Musik leise ausklingt. Wie in der Oper widerspiegelt die Musik damit die Dramaturgie der Handlung und charakterisiert das (jeweilige) Befinden der Figuren.

Dass Leitmotive nicht zwangsläufig neu komponiert werden müssen, sondern allein die Wiederholung ein Musikstück zum Leitmotiv macht, zeigt sich im berühmtesten Liebesfilm aller Zeiten: *Casablanca* (1942). Das Lied *As time goes by* wurde bereits 1931 von Herman Hupfeld geschrieben, erlangte aber erst durch den Film Weltruhm. Dort ist es der emotionale Anker der Geschichte, charakterisiert die Beziehung zwischen Ilsa (Ingrid Bergman) und Rick (Humphrey Bogart) und spiegelt die Erinnerung mehrfach. *As time goes by* erinnert nicht nur das Publikum an die Liebesgeschichte, sondern auch die Figuren, zusätzlich beginnen die ersten Verszeilen mit den Worten »you must remember this«. Erinnern – *remember*, das ist das Wesen der Charakterisierung.

4.3 Geräusche

»This is the end«, singt Jim Morrison, aber es war erst der Anfang. Wenn zu Beginn von *Apocalypse Now* (1979) das modulierte Rotorgeräusch eines Hubschraubers erklingt, wenn kurz danach eine Einstellung vom vietnamesischen Dschungel erscheint und wir den ersten, psychedelischen Klängen von The Doors folgen, fein angespielte Schlagzeugbecken und verlorene Töne einer Gibson E-Gitarre, dann wissen wir, dass wir in eine neue Welt eingetreten sind – in die Welt des **Sound Designs**.

Francis Ford Coppolas Antikriegsfilm, eine kongeniale

Literaturverfilmung von Joseph Conrads Klassiker *Heart of Darkness* (*Herz der Finsternis*, 1899), markiert zusammen mit George Lucas' *Star Wars* (1977) ein neues Zeitalter des Kinotons. »Beide Filme – so unterschiedlich sie in Anspruch und Ausdruckspotential auch sind – zelebrieren die Tonspur als atemberaubendes Spektakel: Kreischende Jets sausen über die Köpfe des Publikums, und Hubschrauber durchfliegen alle vier Quadranten des Kinoraums.«[51] Für das oben beschriebene Spektakel zeichnet der Schnitt- und Tonmeister Walter Murch verantwortlich, der den Begriff Sound Design eigens für *Apocalypse Now* erfunden hatte.

Ein Sound Designer gestaltet während der Postproduktion, also nach Beendigung der Dreharbeiten, außer der Musik alle akustischen Elemente eines Films, insbesondere die Geräusche und Sprache, um ein **tonästhetisches Gesamtkonzept** zu erschaffen. Im Standardwerk *Sound Design* von Barbara Flückiger definiert die Musikwissenschaftlerin das Geräusch zudem als ein akustisches Ereignis ohne musikalische Eigenschaften, dessen Schwingungsverhalten komplex sei. Geräusche, das ist das, was wir hören, aber nach dem Film selten mitsummen oder zitieren. Und trotzdem sind sie von zentraler Bedeutung für das Medium. Der Regisseur Andrej Tarkowski schreibt dazu: »Im Grunde neige ich zu der Auffassung, daß die Welt schon von sich aus sehr schön klingt, daß das Kino eigentlich überhaupt keine Musik benötigt, wenn wir nur richtig zu hören lernten.«[52]

51 Barbara Flückiger, *Sound Design*, Marburg 2017, S. 13.

52 Andrej Tarkowski, *Die versiegelte Zeit. Gedanken zur Kunst, zur Ästhetik und Poetik des Films*, Berlin [u. a.] ³2016, S. 234.

Infobox: Geräusche

Wie jeder Aspekt der Filmsprache übernimmt auch der **Sound** bestimmte Funktionen, um die audiovisuelle Erzählung zu unterstützen: Zum einen wird mit den Geräuschen eine realistische Atmosphäre (**Klanglandschaft**) erzeugt, die dem Publikum die erzählte Welt als eine akustisch glaubwürdige erscheinen lässt. Zum anderen haben vor allem die Geräusche die Fähigkeit, unsere Aufmerksamkeit auf bestimmte Bildelemente oder Figurenperspektiven zu lenken, indem nur diese vertont, hervorgehoben oder wiederholt werden (**Wahrnehmungslenkung**). Und zuletzt nehmen die Geräusche oftmals wie die Farben einen symbolischen Charakter an, wenn sie dem Bildgeschehen widersprechen oder dieses überzeichnen (**Symbolik**).

4.3.1 Klanglandschaft

Die Erzeugung einer realistischen Atmosphäre ist sicherlich die subtilste Funktion der Geräusche, obschon wir deren Fehlen rasch wahrnehmen und als irritierend empfinden würden. Eine Laserpistole, die nicht zappt? Unerhört. Ein T-Rex, der lautlos brüllt? Unspektakulär. Dass diese Töne nachvertont werden, ist selbstverständlich, aber selbst das Klirren von Schwertern, die Bewegung von Rüstungen oder der Sound von Schritten entsteht erst im Studio – dafür sind die Foley Artists zuständig, die **Geräuschemacher**. Im Making-of zu *The Lord of the Rings: The Two Towers* (DVD) wird eindrücklich gezeigt, wie zwei Foley Artists mit dem fertiggeschnittenen Film vor Augen die Schlacht von Helms Klamm mit Geräuschen unterlegen, indem sie jede Bewegung und jeden Schritt (!) der Protagonisten nachahmen. Das Ergebnis sind Tonschichten, die sich zu einem akustischen Schlachtgemälde auftürmen. Man mag über diese Künstler wenig sprechen, aber zu hören sind sie in jedem Film.

Interessant ist des Weiteren, dass wir bei obigen Beispielen zu wissen glauben, wie sich eine Laserpistole oder ein T-Rex anzuhören hat, derweil wir in Realität weder mit futuristischen Waffen noch mit prähistorischen Fleischfressern vertraut sind. Woher kommt das? Die Antwort liegt in den Filmen und ihrem Sound Design, das sich im **auditiven Gedächtnis** eingenistet hat, denn »der Ton im Film macht die Bilder nicht vollständiger, sondern weitet sie aus«.[53] Er gibt dem Unerhörten, teilweise sogar dem Tonlosen einen Klang und verankert ihn im Gehör, damit sich alles so anhört, wie es aussieht. Der französische Komponist Michel Chion nennt diese Ausweitung den **valeur ajoutée,** also den **Mehrwert**. »Mit *valeur ajoutée* bezeichne ich den expressiven und informativen Wert, der das gegebene Bild mit einem Klang so weit bereichert, dass es in einem ersten, einprägsamen Eindruck glauben macht, diese Information oder dieser Eindruck des Gesehenen wäre natürlich und plausibel in den einzelnen Bildern vorhanden.«[54] Ein Bild an sich hat aber keinen natürlichen Klang, und oftmals klingt in Realität nichts so wie im Film, weil vieles aus einem stereotypisierten **Geräuscharchiv** stammt. Trotzdem erweckt der Ton einen realistischen Eindruck und generiert eine Art mediale Wirklichkeit, der wir allzu gerne Glauben schenken.

Ein Meister des Mehrwerts ist Ben Burtt, und seine berühmteste Kreation ist der Sound des Lichtschwerts aus den *Star Wars*-Filmen. Im ersten Teil der alten Trilogie erklärt Obi-Wan Kenobi (Alec Guinness) dem jungen Luke Skywalker (Mark Hamill) und damit auch dem Publikum, was für ein fantastisches Objekt er gerade in den Händen hält: »Die Waffe eines Jedi-Ritters. Nicht so plump und so ungenau wie eine Feuer-

53 Ute Holl, »Kinosound; die verteilte Seelenfunktion«, in: *film bulletin* 8 (2017) S. 7.

54 Michel Chion, *Audio-Vision*, Berlin 2012, S. 17.

waffe. Eine elegante Waffe aus zivilisierteren Tagen.« Dieser Monolog füttert uns mit wertvollen Informationen, die sich kurz darauf mit den Geräuschen und Bildern verfugen. Nicht nur das Lichtschwert ist energetisch, Bild und Ton gehen eine Synergie ein, indem das Summen für das Licht und das Zischen für die Gefährlichkeit der Waffe steht. Würde das Lichtschwert beim Einschalten nicht diesen zischenden Ton von sich geben, der an eine Laserpistole erinnert und im englischen Original interessanterweise exakt dann erklingt, als Obi-Wan »blaster« sagt, könnte man die leuchtende Neonröhre für ein Spielzeug halten. Erst mit dem Sound Design wird das Objekt zur luziden Waffe; das ist der Mehrwert.

Die Tonquelle des Lichtschwerts ist übrigens weniger fantastisch. Burtt nahm das Summen eines defekten Fernsehgeräts auf, speiste dieses durch einen Lautsprecher und ahmte dann die Schwingbewegungen mit einem Richtmikrofon nach. Das Ergebnis ist mehr als zufriedenstellend und Ausdruck einer simplen Methode, die Burtt in einer Leitfrage zusammenfasst: »If this sound-producing object really existed, what would it sound like?« Dass die Quelle der Töne in den seltensten Fällen mit der natürlichen übereinstimmt, erfahren wir aus zahlreichen Making-ofs. Wie beim Lichtschwert konnte man auch beim oben erwähnten T-Rex nicht auf etwas Existierendes zurückgreifen. Im Gebrüll werden von Sound Designer Gary Rydstrom vielmehr die Laute eines Babyelefanten, Löwen und Krokodils vermischt. Die Anweisungen von Steven Spielberg, dem Regisseur von *Jurassic Park*, waren diesbezüglich denkbar einfach: »Make him sound real!« Viele Tonquellen liegen auch fernab einer logischen Wahl und sind nicht ansatzweise mit dem Vertonten verwandt; einziges Kriterium ist die **scheinbare Natürlichkeit** der Klanglandschaft.

4.3.2 Wahrnehmungslenkung

In der Dokumentation *Score* (2018) berichtet die Psychologin Siu-Lan Tan, die Musik lenke unsere Wahrnehmung, setze **musikalische Spotlights** und könne in einer Choreographie des Augentanzes spezifische Bildelemente akustisch beleuchten. Ähnlich urteilt der Filmkritiker Oswald Iten in der Zeitschrift *film bulletin* über den Komponisten John Williams: »Im Detail übernimmt Williams' Musik oft eine der Beleuchtung vergleichbare Funktion: Mit der selektiven Vertonung einzelner Bildelemente lenkt sie unsere Aufmerksamkeit [...].«[55] Was hier für die Musik gilt, ist auch eine zentrale Tonfunktion. Das Sound Design wählt einen Fokus, es akzentuiert die für die Szene maßgeblichen Geräusche und führt unsere Augen wie ein Puppenspieler. Daneben besteht auch die Möglichkeit, dass wir durch den Sound eine Perspektive einnehmen, so dass die Wahrnehmung weniger auf ein Bildelement, sondern in die Figuren gelegt wird (**Figurensubjektivität**). Obwohl auch die subjektive Kamera in Ansätzen diese Fähigkeit besitzt, ist es neben dem Schauspiel vor allem der Ton, der das Innenleben einer Figur nach außen kehren kann. Zu guter Letzt besitzt er auch **leitmotivische Qualitäten**, wenn sich Geräusche wiederholen und so an die Wahrnehmung bzw. Erinnerung der Zuschauer appellieren.

Die intensivsten Sound Designs treffen wir im Kriegsfilm an. Als sich beispielsweise in *Saving Private Ryan* (*Der Soldat James Ryan*, 1998) Captain Miller (Tom Hanks) und die amerikanischen Soldaten in Landungsbooten durch den Ärmelkanal kämpfen, dann hören wir nur Dialogfetzen, weil die gesamte

55 Oswald Iten, »Klassische Filmmusik im Zeitalter des Sounddesigns«, in: *film bulletin* 7 (2015) S. 47.

Geräuschkulisse von den gegen das Boot schlagenden Wellen dominiert wird. Das Sound Design akzentuiert hier nicht die Gespräche, sondern will die Aufmerksamkeit auf die harsche Witterung lenken, weil der Kanal für die Alliierten ein natürliches und am D-Day (6. Juni 1944) schwer zu durchquerendes Hindernis darstellte. Kurz vor der Landung fokussiert das Sound Design den Dreh- und Öffnungsmechanismus, der fast hypnotisch in die Schlacht einführt, die, neben der visuellen Gewalt, insbesondere eine akustische ist. Das markdurchdringende Rattern der deutschen Maschinengewehre, die pfeifenden Projektile und das dumpfe, todbringende Auftreffen in den Soldatenkörpern wird vor allem durch die Ohren miterlebt und nachverfolgt.

Wie stark uns der Sound dann an der Figurensubjektivität teilhaben lässt, zeigen vor allem zwei Szenen: Als die Soldaten und mit ihnen die Kamera ins Wasser springt, ertrinkt auch der Ton, weil wir alles durch die Ohren der Figuren hören. Jeweils beim Auftauchen erwacht auch der Ton wieder, um kurz darauf erneut im Wasser zu ersticken. Diese Tonästhetik, ja die gesamte Szene wurde seither vielfach kopiert, und zwar nicht nur im Film, sondern auch in Videospielen wie *Medal of Honor: Frontline* (2002), *Call of Duty: WWII* (2017) oder sogar als Persiflage in *Conker's Bad Fur Day* (2001). In Letzterem findet sich auch die zweite Szene: Captain Millers Unglauben, sein Schrecken gegenüber dem Gemetzel schlägt sich dort in einem dumpfen Grollen nieder, das fast jedes andere Geräusch übertönt, so dass wir mit seinen vom Krieg betäubten Ohren die Bilder in einer grausamen Trance wahrnehmen. Der Anfang dieser Szene wird visuell eingeführt, indem sich die Handkamera wacklig auf Miller zubewegt, dann durch die Zeitlupe in seine Perspektive eindringt, um letztlich von den Geräuschen des Krieges ›übertönt‹ zu werden.

Ein anderer Kriegsfilm, der eine wortwörtlich beeindruckende auditive Ebene vorweist, ist Wolfgang Petersens *Das Boot* (1981). Neben dem musikalischen Leitmotiv von Klaus Doldinger sind es vor allem die Geräusche, die den Film prägen. Doldinger selbst verwendet in seiner Musik einen leitmotivischen Filmsound, das markante Ping des Echolots, das nicht nur die deutsche Crew an die Ortung der Zerstörer erinnert. Es scheint nichts angsteinflößender zu sein, als in einem U-Boot zu horchen, wie man gesucht wird und wo sich die Schiffsschrauben der Zerstörer hindrehen, bis die Wasserbomben neben einem detonieren.

Wenn der Alte (Jürgen Prochnow) und seine Crew danach mit der »U 96« in ungeahnte Tiefen des Atlantiks absaufen, dann ist es der unerbittliche Druck der Wassermassen, der durch das Knirschen und Quietschen des Gebälks aufs Gehör und die Gemüter drückt. Wir, die Zuschauer und fiktiven Mitfahrer, achten plötzlich auf jedes Geräusch im Druckkörper, weil unsere Sinne wie die der Crew geschärft sind. Wer sich in Todesangst befindet, nimmt die Umwelt intensiver wahr, pointierter, und der Film ahmt dies meisterlich nach. Das Boot funktioniert wie ein metallisches Trommelfell, wie eine Spiegelkammer der Töne, ein maritimer Resonator und Reflektor der Sounds, weil die Metallwände von »U 96« alles von außen nach innen leiten und dort vielfach verstärken. Es ist das klaustrophobischste Sound Design der Filmgeschichte.

Zum Schluss sei noch eine Kuriosität angemerkt: Geräusche können unsere Wahrnehmung sogar derart lenken, dass wir Bilder sehen, die gar nicht existieren. Die beiden Kritiker Gene Siskel und Roger Ebert zerreißen in einer ihrer Kritiken den Horror-Thriller *The Hitcher* (1986), weil eine geschmacklose und höchst brutale Szene vorkommen soll, in der ein Mädchen (Jennifer Jason Leigh) von zwei Trucks zerrissen werde. Das

Problem ist, dass die von Siskel beschriebene und auch von vielen Zuschauern so wahrgenommene Szene nicht vorkommt! Nur der Sound lässt uns den grauenvollen Tod hören, während das Bild schwarz bleibt. Das zweite und weitaus berühmtere Beispiel für diesen **audiovisuellen Phantomschmerz** ist die Duschszene in Alfred Hitchcocks *Psycho* (1960). Der Regisseur gibt dabei zu Protokoll, dass das Messer selbstverständlich nie den Körper von Marion Crane (Janet Leigh) berühre und alles beim Schnitt gemacht worden sei. Das ist aber nur die halbe Wahrheit. Sicherlich wirkt die Montage unterstützend, eindringlicher erscheint aber der Sound, da wir durch die Geräusche das Einstechen wahrlich mit den Ohren sehen, obwohl es keine visuelle Repräsentation gibt.

4.3.3 Symbolik

Das Symbol, von altgriechisch *sýmbolon,* ist ein **Erkennungszeichen**, nach dem Duden ein **Wahrzeichen**, **Sinnbild**. Und das *Metzler Literatur Lexikon* definiert es als ein bildhaftes Zeichen, das über sich hinaus auf höhere geistige Zusammenhänge verweise, als sinnliches Zeichen für Ideenhaftes wirke. Das Symbol habe dabei eine mehrdimensionale, nicht klar definierte Bedeutung, es stehe aber in einem naturhaften Verhältnis zum Gemeinten, da eine gefühlte Relation zwischen Sinn und Bild, zwischen Geist und Anschauung vorhanden sei. Von allen akustischen Elementen sind es die symbolischen, die per se interpretiert werden müssen.

Wenn uns also bei einem Symbol durch das konkrete Bild etwas Abstraktes, nicht sinnlich Greifbares in den Sinn kommt, zum Beispiel im Christentum beim Betrachten eines Kreuzes der Tod oder die Auferstehung, dann verfährt das Akustische ebenso. Wir hören ein Geräusch und verknüpfen mit diesem einen Gedanken, der sich sinnvoll in den Filmkontext einordnen lässt. Drängt sich beispielsweise das Ticken einer Uhr in den Vordergrund, könnte der Schluss gezogen werden, dass in diesem Film die Vergänglichkeit thematisiert wird.

Nicht jedes Ticken einer Uhr ist aber symbolisch zu verstehen. Barbara Flückiger warnt richtigerweise vor der Gefahr der Überinterpretation, in der jedes Detail als möglicher Hinweis auf eine verborgene Wahrheit taxiert werde. Es gehört nach ihr »zu den Eigenheiten filmischer Symbolkonstruktion, dass sie aus einer Asymmetrie zwischen Bild und Ton entstehen [...]. Der Keim zu einer symbolischen Interpretation besteht demnach darin, ein gewisses Maß an **Dissonanz** zwischen Bild und Ton zu erzeugen.«[56] Es ist also der **kontrapunktische Ton**, der vor allem symbolisch analysiert werden sollte, weil sich dieser in den Vordergrund spielt, auffallen will – und jede Auffälligkeit ist eine Interpretation wert.

Wie stark die Straßenbahnen im New York der 1940er Jahre mit ihrem Rattern, Dröhnen und Quietschen aufgefallen sind, lässt sich heute kaum ermessen, aber sicherlich nicht derart schrill wie in *The Godfather* (*Der Pate*, 1972). Als Michael Corleone (Al Pacino) aus der Toilette von Louis' italienisch-amerikanischem Restaurant kommt, trägt er nicht nur einen Revolver und die Überzeugung mit sich, seinen beiden Esspartnern eine Kugel in den Kopf zu jagen. Ihm folgt auch das Geräusch der Straßenbahn. Während das Sound Design in der abseits gelegenen Toilette durchaus diegetisch verankert ist – wir dürfen ein offenes Fenster zum Hinterhof annehmen –, wirkt es im Restaurant selbst kontrapunktisch. Kurz nachdem sich Michael zurück an den Tisch setzt, fährt die Kamera langsam zu seinem Gesicht und wir tauchen auditiv in den Gedankenkosmos des

56 Flückiger (s. Anm. 51), S. 164.

Porträtierten ein, denn mit der Kamerafahrt erklingt das dumpfe Dröhnen der Straßenbahn. Der Sound ist hier Symbol der Anspannung, der innerlichen Aufregung, die sich in einem Crescendo der Geräusche zum finalen Akt der Erschießung steigert. Wir fahren symbolisch auf Michaels Nervenbahnen, die so gespannt sind wie die Leitungen der Trasse. Aber diese bringt keine Pendler – sie bringt den Tod für Captain McCluskey (Sterling Hayden) und Sollozzo (Al Lettieri). Dessen letzte Worte bleiben dabei ungehört, weil sie vom Rattern überrollt werden, und das schrille Quietschen der Geleise gleicht dem innerlichen Aufschrei Michaels, der seine Rache erfüllt sieht.

Im Unterschied zur bereits beschriebenen und auditiv ähnlichen Szene aus *Saving Private Ryan* stammt dieser Ton eindeutig nicht aus dem Wahrnehmungshorizont der Figur. Während das betäubte Ohr von Captain Miller die Kriegsumgebung tatsächlich so wahrnehmen könnte, die Geräusche also ihre Logik in der Filmwelt (Diegese) und im Einklang zum Bild finden, hört außer den Zuschauern niemand im Restaurant das Soundcrescendo der Straßenbahn. Der Ton passt damit nicht zur Umgebung, ist kontrapunktisch gesetzt und fordert uns zur Interpretation auf.

Eine weitere Szene, die vor allem auditiv außergewöhnlich ist, stammt aus Andrej Tarkowskis Солярис (*Solaris*, 1972). Während die Bildebene den Kosmonauten Berton (Wladislaw Dworschezki) bei einer Autofahrt, genauer bei seiner Rückkehr in die Stadt, porträtiert, ist es das Sound Design, das anderes ausdrückt und aufhorchen lässt. Neben den relativ normalen Autogeräuschen vernehmen wir das Zischen von Triebwerken, dann Synthesizer-Sounds, die an Computer erinnern, und zuletzt verstärkt sich alles zu einem Grollen, zu einer Kakophonie der modernen, aber von uns entfremdeten Welt. Das erinnert alles stark an Stanislaw Lems literarische Vorlage *Solaris* (1961), wo der Protagonist Kris Kelvin den Orbit ansteuert und wir lesen: »In den Kopfhörern wiederholte sich salvenweise das Geknatter atmosphärischer Entladungen. Seinen Hintergrund bildete ein Rauschen, so dumpf und tief, als wäre das die eigene Stimme des Planeten.« Tarkowski hat dank dieser Töne aus einer scheinbar gewöhnlichen Autofahrt ein surreales, hypnotisierendes Ereignis gemacht. Die Geräusche suggerieren plötzlich, dass sich Berton nicht nur auf der Heimfahrt befindet; gedanklich kehrt der Kosmonaut zurück zum Planeten Solaris, dessen magischer Ozean ihn schwer traumatisiert hat. Ähnliches passiert in Tarkowskis Сталкер (Stalker, 1979), als die drei namenlosen Protagonisten in die »Zone« reisen und es vor allem ein auditives Abenteuer ist.

Dass nicht nur die Kontrapunktierung symbolisch gedeutet werden kann, soll an einem letzten Beispiel kurz erläutert werden. Zu Beginn von Steven Spielbergs *Jaws* (*Der weiße Hai*, 1975) schwimmt eine Frau sorglos und barbusig im Meer, während unter Wasser bereits ihr Ende lauert. Dass mit dem Haiangriff das Sound Design von Hilfeschreien dominiert wird, unterstützt die schreckliche Atmosphäre der Szene, aber weniger deren Todessymbolik, weil diese anders klingt. In ihrem Todeskampf krallt sich die Frau an einer Boje fest, die darob zu schwanken und läuten beginnt – hier wird der Ton des Untergangs sein. Denn am Ende der Szene hören wir keine Schreie mehr. Das Wasser hat sie längst verschluckt. Und der Tod spricht eine andere Sprache: Beim Rauschen der Wellen und dem Läuten der Boje erklingt symbolisch ein Requiem des Ozeans; der letzte Abgesang für das erste Opfer des weißen Hais.

4.4 Sprache

Am 4. April 1896 eröffnete der Filmpionier Georges Méliès in Paris sein erstes Kino im Théâtre Robert-Houdin. Viel gesprochen wurde dort ehemals nicht, da es ein Zaubertheater war, trotzdem zeigt die Geschichte, wie nah verwandt Film und Theater sind. Beide erscheinen als Zöglinge der Literatur, beide setzen auf die magische Kraft der Sprache. Diese kann das gesamte Wunderwerk der Rhetorik entfalten und die Handlung vorantreiben, aber wir wollen im Folgenden ihre Kardinalfunktion fokussieren: die **Charakterisierung der Figuren**.

Infobox: Sprache

Im **Dialog** (Zwiegespräch) und **Monolog** (Selbstgespräch) können die Figuren etwas von ihrem Charakter preisgeben, das nur schwer in Bilder transferierbar ist. All jene Gedankengänge, die sich der Verbildlichung widersetzen, all die Gefühle, die sich subtil im Innersten regen und bei denen das Bild an seine Grenzen stößt, können in Gesprächen hervorgehoben werden. Hinzu gesellt sich das sogenannte **Voice-over**, also eine Stimme, die sich über die Bilder legt, deren Lautproduktion aber für Publikum und Figuren unsichtbar bleibt. Wir hören jemanden sprechen, sehen aber niemand sprechen. Worte liegen in der Luft, aber kein Schall ist zu spüren. Oftmals formuliert das Voice-over die Gedanken einer Figur aus (**innerer Monolog**), oder es wird über die Geschichte referiert (**Kommentar**).

Es soll indes nicht verschwiegen werden, dass die Sprache einen schweren Stand im filmtheoretischen Ansehen hat. Ihre Verwendung wird gerne als Armutszeugnis des Films angesehen, weil die Erzählung ihr visuelles Primat aufgibt, um auditiv das auszudrücken, wofür keine Bilder gefunden worden sind. Selbst der große Charlie Chaplin (1889–1977) verspottet in

Modern Times (1936), also etliche Jahre nach Etablierung des Tonfilms, weiterhin den Spracheinsatz und lässt seinen Tramp ein unverständliches Kauderwelsch singen, weil gemäß Chaplin die Pantomime des Stummfilms allein genüge, um zu erzählen. Obwohl diese Vorbehalte teils unbegründet sind, hat Chaplin insofern recht, als mit der Sprache zwei unterschiedliche **Zeichenlehren** aufeinanderprallen: der Buchstabe und das Bild.

4.4.1 Zeichenlehre

»Sie kennen doch sicher den Witz von den beiden Ziegen, die die Rolle eines Films auffressen, der nach einem Bestseller gedreht worden ist, worauf die eine Ziege zur anderen sagt: Mir war das Buch lieber.«[57] Diesen Witz erzählt Alfred Hitchcock seinem Interviewer und Kollegen François Truffaut. Dass ein Buch besser als seine Verfilmung sein soll, hört man des Öfteren, und zwar nicht nur von Ziegen. Das Urteil ist aber äußerst problematisch. Natürlich darf man vergleichen, weil letztlich beide Medien eine Geschichte oder im Falle der Literaturverfilmung dieselbe Geschichte erzählen. Trotzdem muss beachtet werden, dass Filme und Bücher einer unterschiedlichen Zeichenlehre (Semiotik) verpflichtet sind und aufgrund dieser semiotischen Grundlage andere Sprachen sprechen.

Wenn das kleinste sprachliche Zeichen der Literatur der Buchstabe ist, dann ist dies beim Film das Einzelbild. In diesem Sinne stellt sich also nicht die Frage, welches Zeichen besser oder schlechter ist, sondern was es zu leisten vermag. Grundsätzlich verweist ein Zeichen immer auf etwas, ohne dass es dieses Etwas selbst ist – es repräsentiert als **Signifikant** (Be-

57 Alfred Hitchcock, zit. nach: Truffaut (s. Anm. 16), S. 118.

zeichnendes) ein **Signifikat** (Bezeichnetes). Auch das Bild eines Baumes ist nicht der Baum an sich, sondern nur dessen Repräsentation.

Obschon nun beim Film das Bezeichnete mit dem Bezeichnenden augenfällig übereinstimmt, erweist sich das filmische Zeichen kurioserweise als diffus. Dazu schreibt der Filmwissenschaftler Stefan Volk: »Einer der wesentlichsten semiotischen Unterschiede zwischen Literatur und Film ist der, dass Filme auf keinem normativ festgelegten Sprachsystem [...] basieren. Filmische Zeichen sind daher stärker als literarische **kontextgebunden.**«[58] Was heißt das? Wenn wir aus den sprachlichen Zeichen zum Beispiel das Wort ›Brotmesser‹ bilden, dann ist dieses Messer immer ein Brotmesser. Buchstaben mögen also abstrakte Zeichen sein (Signifikanten/Bezeichnendes), aber sie definieren trotz ihrer Arbitrarität und dank der Sprachnorm exakt, was man sich unter ihnen vorzustellen hat (Signifikat/Bezeichnetes).

Betrachten wir nun aber einen Film, in dem ein Messer vorkommt, so steht ›Brotmesser‹ nicht groß darübergeschrieben. Vielleicht wissen wir gar nicht, wie ein Brotmesser aussieht? Erst wenn dieses Ding zum Brotschneiden verwendet wird, erkennen wir aufgrund der filmischen Einbettung eindeutig dessen Funktion und denken: Es ist ein Brotmesser! Wo liegt nun der große Unterschied? Antwort: Erst durch den Kontext (Brot) wird das Messer zum Brotmesser. Was hier so nebensächlich und pedantisch klingt, ist letztlich die tiefenstrukturelle Wurzel des so oft unbedacht geäußerten Urteils, dass das Buch besser als der Film sei. Dabei ist ein Buch nicht besser, aber es kann aufgrund seiner semiotischen Grundlage ohne große Einbuße viel exakter als der Film erzählen.

58 Stefan Volk, *Filmanalyse im Unterricht*, Paderborn 2009, S. 44.

Stellen wir uns vor, eine Autorin beschreibt in ihrem Roman detailliert eine Küche, inklusive Brotmesser, Suppenlöffel usw. Das kostet sie vielleicht eine müde Seite im Gesamttext und etwa zwei Minuten Erzählzeit. Was aber, wenn ein Regisseur ebendiese Exaktheit auch in seinem Filmtext darstellen möchte? Es reicht nicht aus, einfach eine Küche kurz zu zeigen. Nein, er müsste wahrscheinlich jedes Besteckstück dem Zuschauer mit einer Detaileinstellung abbilden, oder, noch schlimmer, irgendeine bedauernswerte Filmfigur müsste mit dem Brotmesser Brot schneiden, mit dem Suppenlöffel Suppe löffeln usw., damit eindeutig klar wird, was diese Dinge in der Küche sind. Damit verschlänge eine knappe Romanseite nicht nur eine Unmenge an Filmzeit, vielleicht sogar die gesamte Erzählzeit des Films, sondern verschöbe insbesondere den gesamten Sinn der Geschichte ins Absurde. Auch der Autorin geht es bei ihrem Roman nicht in erster Linie um diese Küche, aber sie muss den Raum der Leserschaft vor Augen führen und kann dies aufgrund der Sprache sehr detailliert tun. Für denselben Zweck, also für die Information an den Zuschauer, dass wir hier in einer Küche sind, reicht dem Regisseur dagegen eine totale Einstellung aus. Hitchcock meint dazu: »Ich habe eine rein visuelle Vorstellung, und wenn ich eine detaillierte Beschreibung lese, werde ich unruhig, weil ich das ebenso gut und viel schneller mit der Kamera könnte.«[59] Obschon damit die Exaktheit der Küchenbeschreibung verlorengeht, haben beide Zeichensysteme die für sie notwendige Leistung erbracht; die Visualisierung des Raumes.

Aus den beiden Beispielen wird ersichtlich, dass die Literatur die Fähigkeit besitzt, die Erzählelemente viel feiner und direkter auszugestalten, als es dem Film jemals möglich sein wird –

59 Alfred Hitchcock, zit. nach: Truffaut (s. Anm. 16), S. 306.

insbesondere bei den Figuren. »Die Außenperspektive ist für den Film konstitutiv; ohne das *Außen* zu kennen, lässt sich ein *Inneres* filmisch nicht vermitteln. Aus diesem Grund ist die filmische Darstellung von Figurensubjektivität ein diskutiertes Problem in der filmtheoretischen Literatur.«[60] Das beginnt bei trivialen Sätzen wie »Lotte ist schön«, unter dem sich zwar die gesamte Leserschaft etwas anderes vorstellen kann, aber grundsätzlich wird Lotte für alle Leser immer schön sein, während eine filmische Lotte vielleicht nur für den einen oder anderen schön ist. Und es endet bei einem Ich-Erzähler, der komplexere Gedanken zu Charaktermerkmalen, Glaubensgrundsätzen, Gefühlswelten usw. beschreiben kann. Auf Truffauts Frage, ob er lieber ein Drehbuch mit starken Situationen oder eines mit stark ausgeführten Figuren verfilme, antwortet Hitchcock folglich: »Mir sind starke Situationen lieber, sie lassen sich leichter in Bilder umsetzen. Für die differenzierte Darstellung eines Charakters braucht man oft viele Worte.«[61] Während uns nämlich das sprachliche Zeichen die gesamte Gedanken- und Gefühlswelt einer Figur direkt ausformulieren kann, stößt der Film scheinbar an seine Grenzen, weil die Bilder die Helden stets von außen zeigen. Die Darstellung der physischen Realität mag die große Stärke des Films sein, das Eintauchen in diese Realität ist es sicherlich nicht.

Was also bei den Beispielen vom Brotmesser und der Küche noch als harmlose **filmische Unschärferelation** durchgehen kann, wird jetzt plötzlich heikel. Wenn die Hauptfigur das tragende Element einer Geschichte und das figurale Innenleben für uns von zentraler Bedeutung ist, dann sind diese Informationen existentiell für den Film- und Buchgenuss. Nachdem

60 Elisabeth K. Paefgen, »Literatur und Film im Dialog – neue Perspektiven für die Literaturdidaktik«, in: *Der Deutschunterricht* 3 (2008), S. 33 f.

61 Alfred Hitchcock, zit. nach: Truffaut (s. Anm. 16), S. 328.

wir eine Erzählung, insbesondere einen Roman gelesen haben, sind uns die fiktiven Figuren teils so vertraut wie die besten Freunde, weil wir deren intimste Geheimnisse kennen. Am Ende eines Films sind dieselben Figuren eher Kollegen. Das macht den Film nicht schlechter, sondern verschwiegener und anspruchsvoller in seiner Kommunikation.

Erst wenn diese ins Stocken gerät, erst dann sollte die auditive Ebene helfen. Denn die Sprache kann durch »das Sprechen etwas zeigen, was durch das Bild nicht sichtbar gemacht werden kann. […] Das Bild, das auf einer sinnlich-anschaulichen Ebene Gefühle, Assoziationen, Stimmungen erzeugt, wird durch die Sprache konkretisiert, zugespitzt, präzisiert.«[62]

4.4.2 Dialog

VINCENT: Weißt du wie die, äh, einen Quarter Pounder mit Käse in Paris nennen?

JULES: Die nennen ihn nicht einen *Quarter Pounder mit Käse*?

VINCENT: Nein, Mann, die haben das metrische System. Die wissen gar nicht, was ein Viertelpfünder ist.

JULES: Wie nennen die ihn?

VINCENT: Die nennen ihn *Royal mit Käse.*

JULES: *Royal mit Käse*?

VINCENT: So ist es.

JULES: Wie nennen die einen Big Mac?

VINCENT: Big Mac ist ein Big Mac, aber die nennen ihn *Le Big Mac.*

JULES: *Le Big Macke.* Hahaha. Wie nennen die einen Whopper?

VINCENT: Keine Ahnung. Im Burger King war ich nicht.

62 Hickethier (s. Anm. 19), S. 99 ff.

Diese Szene aus *Pulp Fiction* (1994) und viele Szenen aus Quentin Tarantinos Filmen leben von ihren **Dialogen** (Zwiegespräche) und sind der Beweis dafür, dass die Verwendung der gesprochenen Sprache keine filmische Schwäche sein muss. Es ist aber sicherlich eine Annäherung ans Theater. So dachte Tarantino bei *The Hateful Eight* (2015), der vor allem aus Dialogen besteht, offen über eine Bühnenversion nach und ließ dadurch erkennen, wie stark er an seinen Charakteren hängt. Es kann daher nicht verwundern, wenn viele seiner Filme die Figuren im Titel tragen (*Reservoir Dogs*, *Jackie Brown*, *Kill Bill*, *Inglourious Basterds*, *Django Unchained*, *The Hateful Eight*) und es meistens diese sind, die im Gedächtnis hängenbleiben; sei es nun Beatrix Kiddo, die Braut (Uma Thurman) aus *Kill Bill* (2003), oder SS-Standartenführer Hans Landa (Christoph Waltz) aus *Inglourious Basterds* (2009).

Im Unterschied zu Alfred Hitchcock, der sich mehr für die starke Situation und weniger für den starken Charakter interessiert, braucht Tarantino mehr Dialog, um seinen Figuren Leben einzuhauchen. Das obenstehende, scheinbar belanglose Geplapper der beiden Profikiller Jules (Samuel L. Jackson) und Vincent (John Travolta) über das metrische System und französische Big Macs verleiht den beiden Figuren **Profil**, offenbart ihre Menschlichkeit im unmenschlichen Killerbusiness. Das macht sie greifbarer, alltäglicher, realer. Zitat Tarantino: »Gangster unterhalten sich auch nicht bloß über Gangsterthemen, polieren ihre Kugeln und fachsimpeln über Morde. Sie reden über etwas aus dem Radio, über das Hühnchen, das es zum Abendessen gab, über das Mädchen, das sie kennengelernt haben.«[63] Der obige Dialog zeigt auch, dass Vincent mehr von der Welt gesehen

63 Quentin Tarantino, zit. nach: Tom Shone, *Quentin Tarantino*, München 2018, S. 21.

und sicherlich mehr über sie nachgedacht hat, während Jules in der nachfolgenden Szene mit dem fiktiven Bibelzitat aus Ezechiel 25,17 das Wort ergreift und die Waffen sprechen lässt.

Tarantino, der Meister des Dialogs, profiliert sich damit mehr als Figurenschöpfer und weniger als Geschichtenerzähler. Natürlich erzählt auch er, aber seine Drehbücher sind in erster Linie episodische **Charakterstudien** und vernachlässigen die Fortführung der Handlung, um Raum für persönliche Gespräche zu schaffen. Die Figuren werden damit nicht zu alleinigen Handlungsträgern degradiert, sondern in der charakterlichen Tiefe schlummert das Potential der filmischen Erzählung.

Neben all dem Nonverbalen ist es also die Sprache, die den Charakter formt, und das mittels **Selbst- und/oder Fremdaussagen**. In beiden Fällen kann dabei die Charakterisierung direkt erfolgen, falls die Figuren offen über Wesensmerkmale sprechen und diese festlegen.

Zum Beispiel wird der Joker (Heath Ledger) im Film *The Dark Knight* (2008) mehrfach als *Freak* bezeichnet und Batman (Christian Bale) nennt ihn Müll, der für Geld tötet, was alles einer **direkten Charakterisierung** durch Fremde gleichkommt. All diese Aussagen negiert der Joker indes, um sich selbst charakterisieren zu können: »Weißt du, was ich bin? Ich bin ein Hund, der Autos nachjagt. Ich wüsste gar nicht, was ich machen sollte, wenn ich eines erwische. Verstehst du, ich tue die Dinge einfach! Nimm einen kleinen Schuss Anarchie. Bring die althergebrachte Ordnung aus dem Gleichgewicht, und was entsteht? Chaos. Ich bin das Chaos.« Was ist der Joker nun? Vieles und nichts zugleich. Als Bürgermeister Garcia (Nestor Carbonell) Lieutenant Gordon (Gary Oldman) fragt, was man über den Joker wisse, gibt Gordon zu Protokoll: Nichts, die Kleidung sei maßgeschneidert, keine Treffer bei Fingerabdrücken, kein Name, man habe keine Hinweise auf die Identität. Damit tappt die Polizei genauso im Dunkeln wie die Zuschauer, da sich der Film einen Spaß daraus macht, die direkte Charakterisierung auszuhebeln. Es stehen nicht nur Aussagen gegen Aussagen, der Joker selbst spielt ein Identitätsspiel, indem er mehrere Versionen seiner Vernarbung erzählt. In der ersten soll sein Vater, ein Trinker und Unhold, dafür verantwortlich sein, später hat er sich die Narben angeblich selbst zugefügt. Wer dem Joker das Lächeln tatsächlich ins Gesicht geschnitten hat, bleibt ungewiss, deshalb kann die Figur über den Versuch ihrer Charakterisierung, ja über die Identitätsfindung nur lachen und sagt leitmotivisch: Why so serious? Warum so ernst?

Interessanter ist es sowieso, und das predigt auch das antike Mantra der Erzähltheorie, wenn sich die Figuren nicht direkt, sondern durch die **indirekte Charakterisierung** definieren. Wir sollen die Charaktere erkennen, indem wir genau zuhören. Aus der **Art und Weise des Sprechens**, aus den Themen des Gesagten, aus der Beschreibung der Handlung lässt sich auf das Wesen der Sprechenden oder Besprochenen schließen.

»Alles, was einen nicht tötet, macht einen … komischer.« Bereits die ersten Worte, die wir vom Joker hören, sagen indirekt viel über ihn aus. Es ist ein Wortspiel, das sich vor allem im englischen Original zeigt: »Whatever doesn't kill you, simply makes you … stranger.« Eigentlich erwarten wir das Wort *stronger*, was den bekannten Spruch vollenden würde, dass alles, was uns nicht tötet, stärker macht. Indem der Joker genau dieser Erwartung widerspricht, gibt er sich als Komiker zu erkennen, denn die Komik setzt stets auf den Kontrast. Wir lachen, wenn eine Begebenheit der Erwartung zuwiderläuft, also wenn ein Kontrast zum Angenommenen plötzlich eintritt. Im Englischen bedeutet aber *stranger* nicht nur ›komisch‹, sondern auch ›merkwürdiger‹ und ›Fremder‹. Der Joker ist damit all das, was der normale Bürger, der Eingegliederte, der Unauffällige, der Zivilisierte, nicht ist, aber insgeheim gerne wäre. Und so hält der vermeintliche Freak der grauen Gesellschaft ein lachendes Gesicht entgegen. Während diese sich in Sorgen wälzt, befreit sich jener im Gelächter von allen Regeln des Anstands. Während wir uns verstellen, um höflich und gut zu sein, zeigt der Joker in der Entstellung, der verblassten Schminke, dem falschen Firnis, was unser gutes Tun wirklich ist: Eine Maske moralischer Heuchelei. Für den Joker ist die Moral deshalb »ein schlechter Witz. Verworfen beim ersten Anzeichen von Ärger.«

Diese Charakterzüge des Jokers werden in seinen Gesprächen nicht offen ausgesprochen, aber man kann sie aus deren Thematik indirekt herauslesen. Zwei Dinge fallen dann bei der zweiten Szene des Jokers auf: Bevor wir ihn sehen, hören wir sein groteskes Lachen, und dann nehmen wir das nervöse Schnalzen seiner Zunge wahr. Hier wird ersichtlich, wie wichtig neben dem Gesagten die Art und Weise des Sagens ist. So drücken sich alle obigen Merkmale, insbesondere das chaotische Wesen, in der Sprechweise aus. Alles ist beim Joker außer Kontrolle, von der durchs Lachen entstellten Sprache bis hin zur ungebändigten Zunge. Der Clownprinz des Verbrechens, der Ausbrecher aus allen Normen, ist wahrlich des Chaos wunderlicher Sohn.

Dass eine Figur nicht zwangsläufig menschlich und so wortgewandt wie der Joker sein muss, um einen Charakter zu haben, erfahren wir dank **Groot** (Vin Diesel) von den *Guardians of the Galaxy*. Als Baumkreatur (lat. *flora colossus*) ist es ihm aufgrund des hölzernen Artikulationsapparates nicht vergönnt, ein großer Rhetoriker zu sein, so hören wir lediglich die drei Worte »I am Groot«. Ich bin Groot. Die große Leistung des Schauspielers Vin Diesel, der für die sonore Stimme verantwortlich ist und eigentlich nicht als Meister seiner Zunft gilt, liegt nun in der **Betonung** dieser Worte. Es geht nicht darum, was er sagt, sondern wie er dies tut. Hinzu kommt natürlich die Animation, aber es ist vor allem der sprachliche Ausdruck, in dem sich Groots Befindlichkeit äußert. Zwei Beispiele: Im Abspann von *Guardians of the Galaxy Vol. 2* (2017) sehen wir Teenager Groot, wie er in seinem von Reben und Ranken überwucherten Zimmer Videospiele zockt. Auf die Aufforderung von Star-Lord (Chris Pratt), er solle endlich diesen Saustall ausmisten, antwortet Groot mit verzogenem Gesicht: »I am Groot!«, was Star-Lord zur Bemerkung zwingt: »Ich bin nicht langweilig, du bist langweilig!« Sowohl die Groot'sche Tonlage als auch die Reaktion Star-Lords zeigen eindeutig, dass wir es mit einem pubertierenden Teenager zu tun haben, obwohl er in diesem Dialog nur drei Worte spricht. Ähnlich verhält es sich in *Avengers: Infinity War* (2018). Als wiederum Star-Lord väterlich sagt, Groot möge nun endlich das dumme Videospiel zur Seite legen, antwortet dieser schnoddrig: »I am Groot!« Daraufhin reagiert die gesamte Crew empört, als hätte der Baum soeben seinen Vater verflucht. Diese Beispiele sind nicht nur komödiantisch. Sie zeigen auf, wie wichtig das gesamte **Spektrum der Sprache** ist.

4.4.3 Monolog

»Ich habe Dinge gesehen, die ihr Menschen niemals glauben würdet. Gigantische Schiffe, die brannten, draußen vor der Schulter des Orion. Und ich habe C-Beams gesehen, glitzernd im Dunkeln nahe dem Tannhäuser Tor. All diese Momente werden verloren sein in der Zeit, so wie Tränen im Regen. Zeit zu sterben.« Das sind die letzten Worte von Roy Batty (Rutger Hauer), und es ist einer der poetischsten **Monologe** der Filmgeschichte. Gesprochen wird er in *Blade Runner* (1982), geschrieben wurde er vom Schauspieler selbst, und geweckt werden Erinnerungen an einen anderen existentiellen Monolog. Der Titelheld aus Shakespeares Tragödie *Hamlet* (1603) spricht (III,1; in der Übers. von August Wilhelm Schlegel):

»Sein oder Nichtsein; das ist hier die Frage:
Obs edler im Gemüt, die Pfeil und Schleudern
Des wütenden Geschicks erdulden oder,
Sich waffnend gegen eine See von Plagen,
Durch Widerstand sie enden? Sterben – schlafen –«.

Dass der Film **Methoden des Theaters** annektiert, ist aufgrund der medialen Verwandtschaft verständlich, und so sprechen William Shakespeares (1564–1616) Hamlet als auch Rutger Hauers Roy Batty nicht in erster Linie zu sich selbst, sondern zum Publikum, um diesem ihre Gefühlslage im Angesicht des Todes kundzutun. Es ist das Merkmal des Monologs, dass er **Seelenzustände**, Gedanken und Gefühle, die kaum zu verbildlichen sind, offen ausspricht. Im Unterschied zum Dialog fehlt also ein diegetischer Adressat oder er tritt wie im Fall von *Blade Runner* derart in den Hintergrund, dass sich die Worte ans Publikum und nicht an eine Figur richten. Alle anderen Merkmale des Dialogs, also die **(in)direkten Selbst- und Fremdaussagen**, passen auch zum Monolog, obwohl dieser natürlich zur direkten Selbstaussage tendiert.

Eine Ausnahme hierbei sind die Worte aus *Good Will Hunting* (1997), mit denen der Psychologe Sean Maguire (Robin Williams) in einem langen, fast fünfminütigen Monolog den zu therapierenden Will Hunting (Matt Damon) direkt und sich selbst indirekt charakterisiert. Er sagt, und es sei hier fast gänzlich zitiert: »Ich habe darüber nachgedacht, was du gesagt hast, über mein Aquarell. Die halbe Nacht habe ich drüber nachgedacht, bis mir was klar wurde. Dann fiel ich in einen tiefen, friedlichen

Schlaf und habe seitdem nicht mehr an dich gedacht. Weißt du, was mir klar wurde? [...] Du bist nur ein Kind. Du hast nicht die blasseste Ahnung, wovon du eigentlich redest. [...] Fragen zur Kunst würdest du mit einem Vortrag über alle Bücher zu diesem Thema beantworten. Michelangelo – du wirst alles wissen. Sein Lebenswerk kennst du, seine Ansichten, sein Verhältnis zum Papst, seine sexuellen Neigungen, einfach alles. Aber ich wette, du kannst mir nicht sagen, wonach es in der Sixtinischen Kapelle riecht. Du bist nie da gewesen und hast diese wunderbare Decke gesehen – dort oben. [...] Wenn's um die Liebe geht, zitierst du wahrscheinlich ein Sonett. Hast dich aber beim Anblick einer Frau noch nie wehrlos gefühlt, weil sie dich mit den Augen in ihren Bann gezogen hat, wo du dann das Gefühl hast, Gott hat dir einen Engel geschickt, der dich aus den Tiefen der Hölle rettet – für den auch du mal der Engel wirst. Du kennst einfach nicht das Gefühl, für jemanden da zu sein, komme, was wolle – wie etwa Krebs. Du weißt nicht, wie das ist, zwei Monate lang am Krankenbett einer Frau zu sitzen und ihre Hand zu halten. [...] Du bist ohne Eltern aufgewachsen, stimmt's? Meinst du, ich weiß auch nur irgendetwas darüber, wie dein Leben verlaufen ist, was in dir vorgeht, wer du bist, nur weil ich mal *Oliver Twist* gelesen habe? Bist du darin beschrieben worden? Mir persönlich ist das scheißegal, denn weißt du was, ich könnte von dir nichts erfahren, was ich nicht auch in irgendeinem scheiß Buch nachlesen könnte. Es sei denn, du erzählst über dich selbst, wer du bist. Das würde mich faszinieren, da bin ich dabei. Aber dazu hast du keine Lust, stimmt's? Du hast Angst vor dem Ergebnis – du bist am Zug, mein Freund.« Erst nach diesen Worten wird sich Will dem Psychologen öffnen, weil sie ihn im Innersten getroffen und seinen Charakter kurzerhand nach außen gekehrt haben. Das ist der Sinn des Monologs.

4.4.4 Innerer Monolog und Kommentar (Voice-over)

Wer sich die exzellente Dokumentation *Dangerous Days: Making Blade Runner* (2007) angesehen hat, weiß über die Problematik dieser Filmproduktion Bescheid. In ihrer letzten Phase beschäftigte sie sich mit der Frage, ob man die Geschichte des Blade Runners ohne Kommentar den Zuschauern zumuten könne. Der Regisseur Ridley Scott war dafür, das Produktionsstudio Warner Brothers dagegen, und so musste Harrison Ford gegen seinen Willen, aber gemäß vertraglichen Verpflichtungen nachträglich Texte einsprechen, um die filmische Erzählung verständlicher zu machen. Im sogenannten »Theatrical Cut« (1982) hören wir folglich ein Voice-over, das die Gedankengänge des Blade Runners bzw. von Rick Deckard (Harrison Ford) ausspricht oder generell die Handlung kommentiert. Im ersten Fall artikuliert das Voice-over einen inneren Monolog, im zweiten einen Kommentar – und in beiden Fällen spricht eine Stimme über die Bilder. Es kann aufgrund obiger Informationen kaum verwundern, dass diese Tonspur das Erste war, was beim »Director's Cut« (1991) der Schere zum Opfer fiel.

Das Voice-over im ursprünglichen *Blade Runner* gilt für viele als **Negativbeispiel**. Es offenbart, was passieren kann, wenn man der Bilderzählung misstraut und für eine Erklärung zur Sprache greift. Besonders offen tritt dies am Ende und nach dem Monolog von Batty zutage, wenn Rick Deckard innerlich räsoniert: »Ich weiß nicht, warum er mein Leben gerettet hat. Vielleicht hat er in seinen letzten Augenblicken das Leben mehr geliebt als je zuvor. Nicht nur sein Leben – das eines jeden. Mein Leben. Alles, was er wollte, waren die Antworten, die wir alle wollen. Woher komme ich? Wohin gehe ich? Wie viel Zeit bleibt mir? Alles, was ich tun konnte, war dasitzen und zusehen, wie er starb.« Das ist kein schlechter Text, aber er wirkt im

Kontext der Bilderzählung überflüssig. Es ist wortwörtlich eine **Bevormundung des Publikums**, das in seinen eigenen Gedankengängen gestört, beinahe unterbrochen wird, um sich vorsagen zu lassen, was man bei der jeweiligen Szene zu denken hat.

Neben den Figuren, in der Regel sind das die Protagonisten als **Ich-Erzähler**, kann mit dem Voice-over ein **extradiegetischer Erzähler** zu sprechen anfangen. Auch dieser ist verpönt. Vor allem die Literaturverfilmungen verwenden ihn, um die literarische Vorlage zu respektieren. Ein Beispiel dafür ist die Verfilmung von Patrick Süskinds gleichnamigem Bestseller *Das Parfum – Die Geschichte eines Mörders* (2006), in der sich zu Beginn eine Stimme über die Bilder legt und den Roman wortgetreu vorliest. Viele Zeilen stammen direkt aus Süskinds Feder. Eleganter ist dagegen der Anfang vom Schweinchen Babe in *Babe* (1995), wenn die Erzählstimme zwar ebenso extradiegetisch ist, aber nicht einfach einen Roman erzählt, sondern durch ihre gespielt naive Art die Schweinchen nachahmt, deren bitteres Schicksal der Schlachtung falsch einschätzt und von einem Schweinchenparadies spricht. Das erinnert an den Ich-Erzähler (Tom Hanks) in *Forrest Gump* (1994), der als reiner Tor offenkundig zu naiv ist, um seine (Bild-)Welt zu verstehen. Hier wie dort generiert das Voice-over einen informativen Mehrwert. Weil zwischen Erzählung und Bilder ein Kontrast entsteht, lässt sich bereits nach wenigen Sekunden der humoristische Grundton der Filme erkennen.

Die Schweinchen und Forrest lehren uns, dass ein Voice-over durchaus bereichernd sein kann. In *Cidade de Deus* (*City of God*, 2002) sorgt der Protagonist Buscapé (Alexandre Rodrigues) von Anfang an als Narrator für narrative Ordnung, sortiert die Geschichten aus den Favelas von Rio de Janeiro, damit wir in den Slums nicht den Überblick verlieren. Das geht so weit, dass Buscapé sogar die Raumbiographie eines Drogenapartments einfügt, um dessen Historie erzählerisch zu beleuchten, oder Figuren beim Namen nennt, deren Geschichten er aber im gleichen Atemzug zurückstellt, weil sie jetzt noch nicht an der (Bild-)Reihe sind.

Ein Meister des Voice-overs ist auch der Regisseur **Martin Scorsese**. Er hat die Methode in seinen Werken perfektioniert, insbesondere bei *Goodfellas* (1990), *Casino* (1995) und *The Wolf of Wall Street* (2013). In allen Beispielen treibt es Scorsese so weit, dass nicht nur eine, sondern bis zu drei Figuren mit Hilfe des Voice-overs das Wort ergreifen. Besonders amüsant geschieht dies in *The Wolf of Wall Street*, als Jordan Belfort (Leonardo DiCaprio) und dessen Schweizer Bankier (Jean Dujardin) ihre wahren Gedanken preisgeben – aber nur für das Publikum. Es ist eine Art **innerer Dialog** (!), ein stilles Streitgespräch, wenn Belfort denkend sagt: »Was ich wissen will, du Schweizer Schwanz, ist, ob du vorhast, mich über den Tisch zu ziehen?!« Worauf der Bankier in Gedanken antwortet: »Ich hab dich schon verstanden, du amerikanisches Arschloch!« Und in *Goodfellas* versorgt uns das Voice-over von Henry Hill (Ray Liotta) mit einer Fülle an Informationen über das Gangster- und Drogenbusiness, die das Bild in diesem **Detailgrad** und dieser Kadenz nicht ansatzweise hätte liefern können. Zusätzlich hören wir Hills Stimmung aus der Stimme heraus, wenn er am Ende des Films vollkommen zugekokst und dadurch in totaler Paranoia durch die Erzählung hetzt. Seine Atemlosigkeit ist der Schlussspurt, das Finale von *Goodfellas*. Geradezu verstörend wirkt das Voice-over in *Casino*, weil sich die Figuren aufgrund ihrer eingeschränkten Perspektive als **unzuverlässige Erzähler** entpuppen – dies wird sich vor allem bei Nicky Santoro (Joe Pesci) zeigen. Im Unterschied zu *American Beauty* (1999) oder *Sunset Boulevard* (1950), die gleichfalls tote, aber erzählende Protagonisten haben, kennt Nicky zu Beginn des Films sein Schicksal nicht. Während Lester Burnham (Kevin Spacey) in *American Beauty* und Joe Gillis (William Holden) in *Sunset Boulevard* von Anfang an unmissverständlich klarmachen, dass sie tot sind bzw. im Laufe der Geschichte sterben werden und damit aus dem Jenseits sprechen, ist Nicky absolut unwissend – und mit ihm das Publikum. Wie Santoro sind auch wir schockiert, als er plötzlich niedergeknüppelt und lebendig begraben wird. Mit dem ersten Schlag des Baseballschlägers schreit die Erzählstimme auf und verstummt danach. Scorsese hat uns auditiv auf eine falsche Fährte gelockt, weil wir bei einem Erzähler grundsätzlich davon ausgehen, dass er uns im Nachhinein seine Geschichte erzählt und diese folglich überlebt. Das konventionelle Voice-over ist nämlich asimultan, ein Erzähler spricht über das Vergangene. Das ist bei *Casino* alles nicht der Fall, und es zeigt, wie interessant die Sprache eingesetzt werden kann, sofern man sie im Verhältnis zum Bild kreativ einsetzt.

Merkbox: Analyse des Auditiven

Bei der auditiven Ebene (Ton) müssen folgende Aspekte des filmischen Textes analysiert werden:

- **Musik:** Ist die Beziehung zwischen der Bilderzählung und dem Ton paraphrasierend, polarisierend, kontrapunktierend oder charakterisierend?
- **Geräusche:** Gibt es Töne im Sound Design (Klanglandschaft, Wahrnehmungslenkung, Symbolik), die akustisch besonders auffallen?
- **Sprache:** Was erfahren wir durch das Schauspiel (Fokus: Sprache) über die Figuren? Wo befinden sich aussagekräftige Monologe, Dialoge und Kommentare (Voice-over)?

5 Wie interpretiert man einen Film?

Alle Kunst strebt zur Unendlichkeit, denn das Gemeine geht klanglos zum Orkus hinab. Was bedeutet das? Es bedeutet, dass ein Kunstwerk ewig wahrgenommen werden möchte, weil es so unsterblich wird – wie sein Schöpfer. Wenn ein Film nicht mehr gesehen, ein Buch nicht mehr gelesen, wenn ein Gemälde nicht mehr betrachtet wird, dann ist es tot. Dann geht es unbesungen ins Schattenreich, wie das Allgemeine, Nicht-Kunstvolle. Das bedeutet aber auch, dass die Kunst ohne Interpretation unvollständig wäre. Denn der schönste Klang, das sind die Worte der Interpretation.

Wie der Orkus, so stammt auch der Begriff Interpretation aus dem Lateinischen und heißt dem Wortsinn nach: ›Übersetzung‹. Damit entspricht der Begriff einem **methodischen Zweischritt**, der jeder Interpretation zugrunde liegt. Wir setzen stets von der Analyse zur Deutung, von der Deutung zur Analyse über. Ob wir einen Film, ein Buch oder Gemälde ins Auge und Ohr fassen, ist unerheblich, weil die Methode im Kern dieselbe bleibt. Die **Analyse** ist immer eine allgemeingültig **objektive Beschreibung**, während die **Deutung** das individuell **subjektive Moment** umfasst. Wir alle sehen und hören dasselbe und können das Gehörte und Gesehene wiedergeben (Analyse), trotzdem dürfen oder müssen die Meinungen über dessen Sinn auseinandergehen (Deutung). Erst beides zusammen ergibt die Interpretation.

Wie kommen wir aber zu einem Sinn? Am Anfang steht immer das unvoreingenommene, naive Filmschauen, bei dem wir uns Notizen zum **Filmtext** machen. Bei der narrativen Ebene bietet es sich an, für eine erste Übersicht die Dramaturgie grafisch darzustellen, den zentralen Konflikt zu bestimmen und die Tradition der Montage zu erörtern (vgl. Merkbox Kap. 2,

S. 60). Das Skizzieren einer Figurenkonstellation kann zudem hilfreich sein. Beim Visuellen sollte man genügend Ausschnitte der Mise en Scène und der Mise en Cadre beschreiben, so dass im Analysekorpus ein bildsprachlicher Stil ersichtlich wird (vgl. Merkbox Kap. 3, S. 118). Und bei der auditiven Ebene versucht man sich an einer ersten Typologie des Musikeinsatzes, hält aussagekräftige Dialoge und Monologe und Auffälligkeiten der Geräuschkulisse fest (vgl. Merkbox Kap. 4, S. 164). Bei all diesen Arbeitsschritten wird noch nicht gedeutet, sondern ausschließlich analysiert. Es ist die **objektive Basis**, auf der alle deutenden Gedanken aufbauen.

Und dieser Aufbau beginnt mit einer allgemeinen **Leitfrage**, aus der sich die konkretere These herauskristallisiert. Die **These** ist eine provisorische Sinnverleihung, ein **Deutungsansatz**, den man zum Filmtext formulieren muss, um in den Zirkel des Verstehens (Hermeneutik) eintreten zu können. Ohne Ansatz verlöre man sich in mäandernden Gedanken. Die These gibt die Richtung vor, schafft Ordnung und setzt einen Fokus. »Die analytisch fundierte, methodengesteuerte, reflektierte Interpretation eines Films ließe sich vielleicht mit einer **Brille** vergleichen, die es uns gestattet, bestimmte Aspekte des Films besser zu sehen oder Momente in den Blick zu bekommen, die uns vorher nicht sichtbar waren.«[64] Wer also eine These formuliert, wird automatisch zum Brillenträger. Dem eleganten Vergleich fügt der Medienwissenschaftler Werner Faulstich dann eine Tabelle an, um die wichtigsten **Schulen der Filminterpretation** zusammenzufassen. Sie wird hier theoretisch zitiert, ergänzt und auf *Star Wars* (1977) angewandt:

64 Werner Faulstich, *Die Filminterpretation*, Göttingen 1988, S. 13.

SCHULE	THEORIE	LEITFRAGE(N)	BEISPIELTHESE
Die strukturalistische Filminterpretation	»Was heißt **Struktur**? Im Folgenden ist damit pragmatisch das zentrale Gerüst eines Films gemeint: sein Aufbau, seine Komposition, seine spezifische Ordnung als Einzelwerk. […] Der strukturalistische Ansatz begreift die Struktur eines konkreten Spielfilms als bedeutungsgenerierend« (Faulstich, S. 16; Hervorh. hier und im Folgenden von A. O.).	Wie wird die Geschichte filmsprachlich (auditiv, visuell, narrativ) erzählt? Oder fokussierter formuliert: Ist der Film gemäß der klassischen Erzählstruktur aufgebaut oder bedient er sich einer Alternative zum aristotelischen Dreiakter?	Aus dem Campbell'schen Monomythos stammend und für diesen stehend, bedient sich *Star Wars* der klassischen Struktur, um ein supranationales Weltraummärchen zu erzählen, in dem Prinzessinnen für eine Republik kämpfen und mentorale Zauberer den Helden auf seiner Reise begleiten.
Die biographische Filminterpretation	»Der Regisseur ist beim Film (in der Regel) der künstlerisch letztlich Gesamtverantwortliche […]. Es geht darum, über den Regisseur, über die Person des Schöpfers und seine **Biographie**, zu einem besseren Verständnis seines Werks zu gelangen« (Faulstich, S. 30 f.).	Inwiefern repräsentiert der Film das Leben des Regisseurs / der Regisseurin? Oder in Kombination mit dem strukturalistischen Ansatz: Welcher filmsprachliche Stil (auditiv, visuell, narrativ) ist typisch für den Regisseur / für die Regisseurin?	Biographisch zeigt sich in den *Star Wars*-Filmen das historische Interesse und die Technikbesessenheit des Regisseurs. Denn die Werke von George Lucas sind klassische Erzählungen in modernsten Gewändern, indem sie sich narrativ am aristotelischen Dreiakter orientieren, aber visuell und auditiv die Grenzen der zeitgenössischen Kinokunst auskosten.

Die historiographische Filminterpretation	»Das Erkenntnisinteresse der historiographischen Filminterpretation zielt auf ein Verständnis des Films im Licht einer literarhistorischen oder filmhistorischen **Tradition**« (Faulstich, S. 45).	Aus welchen literarischen und/oder historischen Quellen schöpft der Film sein Material?	*Star Wars*, nur wenige Jahre nach dem amerikanischen Vietnamkrieg (1965–1973) entstanden, steht in der Tradition des New Hollywood. Der Film kritisiert mit dem Imperium die Machthaber der USA und idealisiert in den Rebellen den Freiheitskampf des vietnamesischen Volkes.
Die soziologische Filminterpretation	»Mithilfe der soziologischen *Brille* wird der Film in einen allgemeinen oder umfassenden gesellschaftlichen Kontext versetzt. Es geht um den Bezug des Films zur **Gesellschaft** seiner Zeit« (Faulstich, S. 56).	Was sagt der Film über den Zeitgeist der Produktionsjahre und das damalige gesellschaftliche Zusammenleben der Menschheit aus?	Im Laufe des 20. Jahrhunderts haben wir unsere Naivität, also unsere Ursprünglichkeit, vergessen, und diese gilt es gemäß *Star Wars* wiederzufinden, um in einer Symbiose von Natur und Kultur wahrlich zivilisierter Mensch zu sein.
Die feministische Filminterpretation	In der Filmkunst dominiert die männlich-heterosexuelle Sichtweise, was der Feminismus und die Gender Studies thematisieren und kritisieren. Durchleuchtet werden die Machtstrukturen des Männlichen und die dadurch entworfene Rolle von **Weiblichkeit**.	Was für ein Bild von Weiblichkeit (und Männlichkeit) entwirft der Film?	Obwohl Leia (Carrie Fisher) scheinbar die klischeehafte Rolle der zu rettenden Prinzessin verkörpert, entpuppt sie sich in Wahrheit als schlagfertiger Charakterkopf und Anführerin der Rebellenallianz. *Star Wars* bedient und konterkariert das klassische Bild der Weiblichkeit.

Die psychoanalytische Filminterpretation	»Das Erkenntnisinteresse besteht darin, aus dem Manifesten eines Films dessen latente Bedeutung zu ermitteln. […] Das Latente ist die Wahrheit darüber, was und warum verdrängt wurde; das Manifeste ist die Gestalt, in der das Latente an die Oberfläche, ins Bewußtsein tritt. Der Prozeß, in dem das Latente zum Manifesten wird, heißt **Traumarbeit**« (Faulstich, S. 67 f.).	Ausgehend von Sigmund Freuds *Traumdeutung* (1900) stellt sich die Frage, wie in einem Film Verdrängtes filmsprachlich dargestellt wird bzw. wie die vorangegangene Traumarbeit nachträglich entschlüsselt werden kann. Oder als Frage formuliert: Wo zeigt sich im Film das Unbewusste des Regisseurs / der Regisseurin, der Filmfiguren oder des Publikums?	Bereits als Kind interessierte sich George Lucas für Geschichte, Superhelden und Science Fantasy (*Flash Gordon, Buck Rogers*). Seine Filme sind folglich Manifestationen von Kindheitsträumen, indem Lucas sowohl bei *Star Wars* (Regisseur) als auch mit *Indiana Jones* (Produzent) das verdrängte Kind im Manne reanimieren möchte. Damit kann sich vor allem ein männliches Publikum identifizieren.
Die genrespezifische Filminterpretation	»Das Schlüsselwort hier lautet also **Konvention**. Bei der genrespezifischen Filminterpretation geht es darum, einen Film aus dem binnengeschichtlichen Kontext seines Genres zu verstehen« (Faulstich, S. 78).	Inwiefern ist der Film typisch für einen Western, Actionfilm, Liebesfilm, Thriller, Film Noir, Abenteuerfilm, Horrorfilm, Science-Fiction-Film usw.?	Weil sich *Star Wars* an den alten Mythen und Märchen orientiert, aber zugleich im Weltraum spielt, gehört der Film weniger zum Genre Science-Fiction, sondern vielmehr zum Fantastischen. Es ist ein Science-Fantasy-Film.

Ob man sich einer dieser Schulen explizit verschreibt, ist dabei weniger wichtig als die klare Ausformulierung einer These. Mit ihr im Sinn betrachten wir unsere Notizen und den Filmtext erneut, voreingenommen, durch eine Brille. Jetzt werden mittels genauster Lesetätigkeit (engl. *close reading*) Passagen gesucht, die unsere Deutung unterstützen, um die These zu verifizieren. Für diese Arbeit kann das Filmprotokoll nützlich sein. »Als Hilfsmittel zur Analyse spezieller Sequenzen und Aspekte des Films ist [es] sicherlich sinnvoll und begründet. Aber nicht für jede Filmanalyse ist die **minutiöse Transkription** aller Einstellungen eines Films unbedingte Voraussetzung.«[65] Wichtiger erscheint, dass wir mit dem Protokoll lernen, genau(er) hinzuschauen und aufmerksam(er) zuzuhören. Je mehr Passagen wir nämlich finden, durch die unsere These schimmert, desto glaubwürdiger und stärker wird die Interpretation.

Nr.	Dauer in Sek.	Einstellungsgröße	Bildinhalt und Bildkomposition	Handlung	Beleuchtung und Farbe	Kamerawinkel und -bewegung	Dialog	Geräusche / Musik	Montage / Übergang

Abb. 25: Sequenzprotokoll aus dem Seminar für Filmwissenschaft, Universität Zürich (UZH)

65 Hickethier (s. Anm. 19), S. 36 (Hervorh. von A. O.).

Für eine Beispielinterpretation zu *Star Wars* (1977) müssen wir also aus einer Leitfrage einen klaren Deutungsansatz formulieren und diesen anschließend mit Hilfe des Filmtextes begründen.

* * *

Man könnte sagen, dass *Star Wars* (1977) im Kern einer Rückkehr entspricht, und zwar derjenigen zur Natur oder zur verlorenen Natürlichkeit des Menschen. Im Zuge der kulturellen Entwicklung, genauer im Laufe des digitalen Zeitalters, so **die (soziologische) These**, haben wir unsere Naivität, also unsere Ursprünglichkeit, vergessen. Und diese gilt es wiederzufinden, um in einer Symbiose von Natur und Kultur wahrlich zivilisierter Mensch zu sein.

Bei der **Figurenkonstellation** fällt bereits auf, wie der **Protagonist** Luke (Mark Hamill) als Bauernjunge Tatooines eingeführt wird, während der **Antagonist** Darth Vader (David Prowse) mehr Maschine als Mensch ist. Er tritt in der Anfangsszene als schwarzes Metallwesen durch die gesprengte Wand des Rebellenschiffes, krächzt einige Befehle und verrät sein inhumanes Wesen nicht nur durch sein **Kostüm**, sondern vor allem durch den metallischen Atem, dessen **Geräusch** (Sound) wichtigster Zeuge der Entmenschlichung ist. In gleichem Maße sind die gesichtslosen imperialen Sturmtruppen entindividualisiert, eine uniformierte kalte Masse, die ihrem Anführer ehrfurchtsvoll folgt. Vader verkörpert damit das gesamte Imperium.

Es ähnelt einem technologischen Monstrum, dessen erster Auftritt in Form des Sternenzerstörers nicht nur Größe, sondern Unendlichkeit suggeriert. In diesem Sinne gestaltet sich die erste **Einstellung** des Films (engl. *opening shot*): Die weite **Einstellungsgröße** (Panorama) spricht zunächst für die Unendlichkeit des Weltalls, aber der in **Untersicht** gezeigte Sternenzerstörer nimmt das ganze Bild herrisch ein und reckt sich mit seiner Länge gar zum kleinen Rebellenschiff, als ob die imperiale Hand in die gesamte Galaxis reichen würde.[66]

Und der Todesstern als globales Flaggschiff der Armada ist dabei die Perversion des Natürlichen, eine falsche Sonne, deren (Laser-)Strahlen nicht Leben, sondern Tod bringen. Ins Extrem wird dieser Gedanke in der siebten Episode *The Force Awakens* (*Das Erwachen der Macht*, 2015) getrieben, wo die Starkiller-Basis, ein überdimensionierter Todesstern, gar das Licht der Sonne aufsaugt, um eine ultimative, mehrere Planeten zerstörende Waffe zu laden. Das Imperium pflegt insgesamt die Destruktion. Mit Ausnahme der Vereinigung der Macht in den Händen des Imperators, der indes ab der fünften Episode *The Empire Strikes Back* (*Das Imperium schlägt zurück*, 1980) fern aller Menschlichkeit porträtiert wird, zerstört die imperiale Logik jede natürliche Einheit des Zusammenlebens. Vor allem zerstört sie die egalitäre Gemeinschaft, für die die republikanischen Rebellen kämpfen. So sind die ersten Worte Vaders auf dem Rebellenschiff: »Commander, nehmen Sie das Schiff auseinander!« Auffallend dabei ist aber, dass dieses Zerreißen nicht nur nach außen wirkt, sondern ebenso innerlich. Denn das Imperium zeichnet sich vor allem durch Uneinigkeit aus; ein fruchtbarer **Dialog** findet kaum statt. So zeigen sich bereits bei der ersten Lagebesprechung die tiefen Gräben zwischen Vader und dem restlichen Befehlsstab. Und selbst im Angesicht der drohenden Niederlage widersetzt sich Gouverneur Tarkin (Peter Cushing) den vernünftigen Ratschlägen seiner Crew, in-

66 Vgl. die grotesk-komischen Reviews von *Star Wars* auf www.redlettermedia.com von Mike Stoklasa als Mr. Plinkett. Stoklasa kritisiert meisterhaft die Episoden 1–3 und erläutert dabei die Genialität der ersten Einstellung aus Episode 4.

Abb. 26: Die erste Einstellung (engl. *opening shot*) aus *Star Wars* (1977; 2:11)

dem er die Evakuierung des Todessterns verweigert. Das Imperium ist damit nicht nur böse und Schatten der dunklen Seite der Macht, sondern die technologische Verneinung des natürlichen (Zusammen-)Lebens.

Auf der anderen Seite steht die Geschichte von Luke Skywalker und seine gesamte Ausbildung zum Jedi. Alles, was Luke von Obi-Wan Kenobi (Alec Guinness) und später Yoda (Frank Oz) lernt, orientiert sich an der Natur. Man hat beinahe das Gefühl, dass Luke bei seinem Erwachsenwerden das Kindliche wiederfinden muss, denn das Kindheitsalter wird gerne im Sinne der wahren Natur des Menschen idealisiert. Als naive Stammwurzel des Menschseins funktionierte das Kindliche insbesondere in der romantischen Bewegung Ende des 18., Anfang des 19. Jahrhunderts, wo es seinen Weg in die Märchen und damit indirekt zum **Regisseur** George Lucas fand. Wenn nämlich etwas an der Original-Trilogie frappierend ist, so die merkwürdige Absenz von Kindern in den Filmen. Das, was der Erzählung fehlt, muss gefunden werden, und zwar von unserem Helden. Für diese **Heldenreise**, die in einem Weltraummärchen absolut klassisch erzählt wird, bringt Luke bereits beste Voraussetzungen mit. Als Bauernjunge lebt er die natürliche Erdverbundenheit wortwörtlich aus, und die Behausungen von Onkel Owen (Phil Brown) und Tante Beru (Shelagh Fraser) gleichen gar einem Maulwurfsbau. Ebenso fügen sich die steinerne Wohnung Obi-Wans und die Sumpfheimat des zunächst sehr kindlich, beinahe kindisch wirkenden Yoda wie das eremitische Leben ihrer Bewohner in die natürliche Umgebung ein. Das **Setting** der Guten, oftmals ***on location*** (Tunesien, Guatemala) gedreht, wirkt folglich organisch lebendig, dasjenige der Bösen, meistens vor **Szenenbildern** im Studio (London) produziert, klinisch steril. Die Charaktere spiegeln sich demnach nicht nur im diegetischen Lebensraum, sondern ebenso in der Produktionsgeschichte.

Was Luke nun zum Jedi werden lässt, sind weniger seine Kampffähigkeiten mit dem Lichtschwert oder irgendwelche Machtspielereien, sondern die Verbundenheit mit der Natur. Es ist die Rückkehr zur Naivität, die letztlich für die richtige Anwendung der Macht steht. Sowohl Obi-Wans Erläuterungen in der vierten Episode *A New Hope* (*Eine neue Hoffnung*, 1977) als auch Yodas Weisheiten aus *The Empire Strikes Back* lassen sie in diesem Licht erscheinen. Und in beiden Fällen erklingt John Williams' berühmte Musik, **das Leitmotiv** der Saga, dieser emotionale Anker, der uns in der weit, weit entfernten Galaxis ans Menschliche erinnert und die Jedi charakterisiert. Im Making-of zu *Star Wars* (DVD) spricht Williams explizit vom Traditionellen der Musik, und George Lucas erläutert, dass er einen »old fashioned symphonical score« haben wollte. Diese Musik, die in den 1970ern reaktionär und gegen den Trend von Rock- und Popsongs klingt, verbindet uns mit dem Altbekannten. Im Einklang dazu sagt Obi-Wan, dass die Macht ein Energiefeld sei, das alle lebenden Dinge erzeugen würden. Sie umgebe, durchdringe uns und halte die Galaxis zusammen. Yoda stimmt in diesen Chor ein, wenn er ergänzt: »Das Leben erschafft sie, bringt sie zur Entfaltung. Ihre Energie umgibt uns, verbindet uns mit allem. Erleuchtete Wesen sind wir, nicht diese rohe Materie. Du musst sie fühlen, die Macht, die dich umgibt. Hier, zwischen dir, mir, dem Baum, dem Felsen dort, allgegenwärtig! Ja, selbst zwischen dem Sumpf und dem Schiff.« Insbesondere der Schluss ist interessant. Obwohl die Macht aus allem Leben entsteht, umspannt sie gleichwohl das Leblose des Schiffes.

Die Macht in ihrer hellen, guten Anwendung steht damit für die symbiotische Einheit von Natur (Leben) und der von Menschhand geschaffenen Kultur (Lebloses), weil sich nur der zivilisierte, sich seines Ursprungs bewusste Mensch in das Geflecht des Natürlichen einzuordnen weiß. Die Droiden R2-D2 (Kenny Baker) und C-3PO (Anthony Daniels) sind die besten Beispiele für diese Symbiose. Obschon sie offenkundig Roboter sind, wurde beiden ein menschliches Wesen eingeimpft. R2-D2 erscheint kindlich, da sein Piepsen von **Sound Designer** Ben Burtt eingesprochene und durch den Synthesizer gejagte Babysprache ist. Und C-3PO reagiert mit seiner Angst und Unbeholfenheit, mit seinen emotionalen Kurzschlüssen mehrfach menschlich. Symbiotisch und damit zivilisiert ist auch ein **Requisit,** das summende und zischende Lichtschwert, Waffe eines Jedi-Ritters. Es vereint Licht (Natur) und Schwert (Kultur). Obi-Wan bezeichnet es daher auch als »eine elegante Waffe aus zivilisierteren Tagen«.

Das Imperium hat diese frühere Zivilisation, die alte Republik, zerstört, die Rebellion möchte indes zum Naturzustand zurückkehren. Es ist also nicht verwunderlich, dass die Rebellen auf Yavin IV aus einer Art Mayatempel ihren Angriff planen und in der sechsten Episode *Return of the Jedi* (*Die Rückkehr der Jedi-Ritter*, 1983) das Imperium letztlich vom kleinen Waldvolk der Ewoks mit naivsten Mitteln gepiesackt wird. Bedenken wir zudem Vaders erste Worte »Nehmen Sie das Schiff auseinander!« in *A New Hope* und Yodas machtgeleitete Rettung des Schiffes in *The Empire Strikes Back*, so zeigt sich der massive Widerspruch zwischen der hellen, alles umspannenden und der dunklen, alles zerreißenden Seite der Macht. Repräsentativ agieren in diesem Sinne die beiden Protagonisten: Luke Skywalker, der Himmelsläufer, der seine innere Natur wiederfinden muss, um Jedi zu werden. Und Darth Vader, der dunkle Vater, der als Ausgeburt und Lakai einer technologisch fehlgeleiteten Kultur ebendieses zu verhindern versucht. Vaders Lichtschwert leuchtet deshalb rot, weil die **Farbsymbolik** an Feuer und Zerstörung erinnert, derweil das Blau bei Luke dem Wasser nahe und für die Vereinigung und Reinigung steht.

Lukes Weg zu dieser gereinigten Natur findet in der vierten Episode seine wichtigsten Etappen im scheinbaren Ableben von Obi-Wan Kenobi (**Wendepunkt II**) und der Zerstörung des Todessterns (**Höhepunkt**). Beide Ereignisse sind dramaturgisch eng miteinander verknüpft, weil Obi-Wans Tod bzw. seine Einswerdung mit der Macht Luke zutiefst erschüttert und die Stimme des Mentors ab nun zu einer inneren werden lässt. Dies erfahren wir im **dritten Akt** und beim finalen **Showdown** mit dem Imperium. Es ist die **Szene**, als Luke in seinem X-Wing aus dem Hangar der Rebellenbasis fliegt und Obi-Wans Stimme als **Voice-over** erklingt: »Luke, die Macht wird mit dir sein.« Ab nun ist der Mentor eins mit der Macht, seine Stimme spricht aus einem unsichtbaren Kraftzentrum des natürlich Guten. Interessant ist weiter, dass neben dem oft zitierten »Vertraue der Macht« die Nebenbemerkung Obi-Wans fast vergessen wird, obschon der gesamte **Monolog** für die Aussage des Films von zentraler Bedeutung ist. Das Zitat lautet im englischen Original: »Use the Force, Luke … let go! Luke, trust me.« Was meint Obi-Wan mit diesem in der deutschen Synchronisation nicht übersetzten »let go« (»lass los«)? Betrachten wir die Szene genauer, so fliegt Luke, und dank der **subjektiven Kamera** auch das Publikum, durch den Graben des Todessterns, um mit Hilfe des Zielcomputers die Schachtöffnung zu treffen. Zunächst konzentriert sich Luke ganz auf seine Zielhilfe. Dann hören wir, wie bei allen Monologen zur Macht, plötzlich John Williams' musikalisches **Leitmotiv**, und mit ihm erklingt Obi-Wans oben zitierte Rede. Deren Bedeutung ist offenkundig. Sie kulminiert am Höhepunkt des Films in der Ermutigung »Vertraue …« und bestätigt die anfängliche These: Anstelle des Computers soll Luke die Macht benutzen.

Das Ausschalten des Computers ist dabei nicht nur ein Akt des Vertrauens in die eigenen Fähigkeiten, sondern Lukes partielle Einswerdung mit der Macht und eine Absage an das Digitale zugunsten der inneren Natur. Obi-Wans Voice-over übertönt die Funksprüche der Rebellenzentrale. Das Technische tritt hinter dem Natürlichen zurück. Der Todesstern wird von einem Bauernjungen in die Luft gejagt. Die falsche Sonne explodiert in einer technologischen Supernova, und die Zukunft der Galaxis erstrahlt in neuem Licht – *A New Hope*.

* * *

Das ist eine mögliche Interpretation von *Star Wars* (1977). Sie hat sich keiner Schule exklusiv verschrieben, aber eine klare These formuliert und diese mit dem **Vokabular der Filmsprache** zu begründen versucht. Es ist der Beweis dessen, dass alle einen Film interpretieren können, solange man seine Sprache spricht. Die Kompetenz hierzu finden wir weniger in Büchern, nicht in Theorien oder Methoden der Filmanalyse. Wir finden sie dort, wo das Licht spielt. »Wenn ich gefragt werde, ob ich auf die Filmschule gegangen bin, sage ich: Nein. Ich bin ins Kino gegangen.«[67]

67 Quentin Tarantino, zit. nach: *Shone* (s. Anm. 63), S. 36.

1. NAIVES FILMSCHAUEN

Ins Kino gehen

2. THESE

Aus Leitfrage einen klaren Deutungsansatz formulieren

Visuelle Ebene
(Bild)

Filmischer Text:

- **Mise en Scène**
  Setting, Licht-/Farbdramaturgie, Schauspiel, Kostüme und Make-up?
- **Mise en Cadre**
  Bildkomposition: Einstellungsgrößen, Kameraperspektiven, Kamerabewegungen?
- **Effekte**
  Spezialeffekte (SFX) oder visuelle Effekte (VFX)?

3. ANALYSE DER FILMSPRACHE

Close Reading des Filmtextes

Auditive Ebene
(Ton)

Filmischer Text:

- **Musik**
  Paraphrasierung, Polarisierung, Kontrapunktierung, Charakterisierung?
- **Geräusche** (Sound Design)
  Klanglandschaft, Wahrnehmungslenkung, Symbolik?
- **Sprache**
  Dialog, Monolog, Kommentar

4. DEUTUNG DER FILMSPRACHE

Vokabular der Filmsprache verwenden

Narrative Ebene
(Erzählung)

Filmischer Text:

- **Dramaturgie**
  Klassische Dramaturgie oder Alternative zum Dreiakter (Plot)?
- **Erzählelemente**
  Figurenentwicklung, Handlung bzw. zentraler Konflikt, Raumzeit (Story)?
- **Montage**
  Amerikanische oder europäische Tradition?

5. INTERPRETATION SCHREIBEN

Einleitung mit Thesenformulierung

Hauptteil

Deutend/analysierend

Schluss mit Thesenbestätigung

6 Sachregister